乡村数字化赋能

河南省农业绿色
低碳转型的路径与策略

张　影 ◎ 著

山西出版传媒集团
SHANXI PUBLISHING MEDIA GROUP
山西经济出版社

图书在版编目（CIP）数据

乡村数字化赋能：河南省农业绿色低碳转型的路径与策略 / 张影著. -- 太原：山西经济出版社，2025.
7. -- ISBN 978-7-5577-1532-8

Ⅰ. F327.61

中国国家版本馆 CIP 数据核字第 2025FM3118 号

乡村数字化赋能：河南省农业绿色低碳转型的路径与策略
XIANGCUN SHUZIHUA FUNENG：HENANSHENG NONGYE LÜSE DITAN
ZHUANXING DE LUJING YU CELÜE

著　　者：张　影
责任编辑：郭正卿
装帧设计：中北传媒
出 版 者：山西出版传媒集团·山西经济出版社
地　　址：太原市建设南路 21 号
邮　　编：030012
电　　话：0351-4922133（市场部）
　　　　　0351-4922085（总编部）
E-mail：scb@sxjjcb.com
　　　　　zbs@sxjjcb.com
经 销 者：山西出版传媒集团·山西经济出版社
承 印 者：三河市龙大印装有限公司
开　　本：710mm×1000mm　1/16
印　　张：14.5
字　　数：209 千字
版　　次：2025 年 7 月　第 1 版
印　　次：2025 年 7 月　第 1 次印刷
书　　号：ISBN 978-7-5577-1532-8
定　　价：89.00 元

前　言

在 21 世纪的数字化浪潮中，乡村数字化已成为推动农业现代化、促进乡村全面振兴的关键驱动力。河南省，作为中国举足轻重的农业生产基地，正面临着从传统农业向现代农业、从高碳发展模式向绿色低碳转型的重大历史使命。本书聚焦于乡村数字化如何赋能河南省农业绿色低碳转型，探讨其为实现乡村振兴和可持续发展提供的强大支撑。

基于当前乡村数字化与农业绿色低碳发展的丰硕研究成果，紧密结合河南省的实际情况，本书系统地分析了乡村数字化在推动农业绿色低碳转型中的核心作用、可行路径及有效实施策略。通过深入研究，本书旨在揭示乡村数字化与农业绿色低碳转型之间的内在联系，为河南省乃至全国范围内的农业绿色发展提供可复制、可推广的经验与模式。

在撰写过程中，作者力求实现理论与实践的紧密结合，既注重理论体系的系统性和前沿性，确保理论探讨的深度与广度；又强调实践操作的针对性和可操作性，力求研究内容贴近实际、满足需求。为此，作者深入调研了河南省乡村数字化的实际情况，与农民、企业、政府等各方进行了广泛交流，充分收集第一手资料，确保研究内容的真实性和可靠性。

本书由 2025 年河南省高等学校重点科研项目资助计划"乡村数字化助力河南省农业绿色低碳发展的实践路径研究"（项目编号：25A790012）支持。作者作为该项目负责人，希望通过本书的出版，能够为河南省乃至全国的农业绿色低碳转型提供有益的参考与启示。作者期待广大读者能够积极反馈宝贵的意见和建议，共同推动乡村数字化与农业绿色低碳发展的深度融合，为实现乡村振兴和可持续发展的宏伟目标贡献智慧与力量。

目 录

第一章　乡村数字化与农业绿色低碳转型

乡村数字化与农业绿色低碳转型是当前农业发展的重要趋势，旨在通过现代信息技术的深入应用，推动农业生产方式的根本性变革，实现农业经济的可持续发展。乡村数字化与农业绿色低碳转型之间存在着紧密的内在联系。一方面，乡村数字化为农业绿色低碳转型提供了强大的技术支持和持续动力。通过数字化技术的广泛应用和推广，可以显著优化农业生产流程、提高资源利用效率、减少环境污染和碳排放，从而有力推动农业向绿色低碳方向转型。另一方面，农业绿色低碳转型也为乡村数字化带来了新的发展机遇和广阔市场空间。随着消费者对绿色、环保、健康农产品的需求日益增长，农业绿色低碳转型将促使农业产业结构不断优化升级，为乡村数字化提供更多创新应用场景和市场需求。

第一节　数字化技术概述

数字化技术，这一术语描述了一个将现实世界中的各类信息（包括文字、声音、图像、视频等）转化为计算机能够识别并处理的二进制数字形式"0"和"1"的过程。这一过程不仅使信息能够被计算机高效地存储、处理和传输，还极大地拓宽了信息的应用领域。数字化技术不仅仅是简单的信息转换，更是一个涵盖了数据采集、处理、存储、传输和应用等多个环节的复杂系统。在这个过程中，数字化技术以其独特的方式，将现实世界与虚拟的数字世界紧密相连，为人类社会带来了前所未有的深刻变革。

一、数字化技术的涉及范围

数字化技术的涉及范围极为广泛，几乎涵盖了现代信息技术的所有核心领域。其中，大数据、云计算、物联网、人工智能和区块链等是数字化技术的关键组成部分。

大数据：大数据是指规模庞大、类型多样、处理速度快且价值密度相对较低的数据集合。通过大数据技术，企业可以收集和分析海量数据，从而挖掘出隐藏在数据背后的规律和趋势，为决策提供科学依据。大数据被誉为数字化时代的"新石油"，其在市场营销、产品研发、供应链管理等领域的应用日益广泛，为企业带来了前所未有的竞争优势。

云计算：云计算是一种基于互联网的计算方式，通过网络将庞大的计算处理程序自动分拆成无数个较小的子程序，交由多台服务器所组成的庞大系统进行处理，然后将处理结果回传给用户。作为数字化技术的基础设施，云计算为大数据处理和人工智能应用提供了强大的算力支持。通过云计算，企业可以灵活调配计算资源，降低成本，提高系统的可靠性和安全性。

物联网：物联网是指通过射频识别（RFID）、红外感应器、全球定位系统（GPS）、激光扫描器等先进信息传感设备，将各类物品与互联网连接起来，实现高效的信息交换和通信。物联网技术打破了传统网络物理对象与虚拟信息世界的界限，使现实世界中的物体能够相互连接，实现智能化识别、精准定位、实时跟踪、全面监控和高效管理。

人工智能：人工智能是指由人制造出来的系统所展现出的智能行为。这些系统能够识别环境、学习知识、解决问题，并在特定情况下做出决策和采取行动。人工智能技术作为数字化技术的核心驱动力，正逐步改变着制造业、金融、医疗、教育等领域的工作方式。通过机器学习、深度学习等技术，人工智能能够实现自动化决策，提高生产效率和服务质量。

区块链：区块链是一种去中心化的分布式账本技术，通过加密算法和共识机制确保数据的不可篡改性和透明度，为交易双方提供了安全可靠的信任环境。在金融行业，区块链技术可应用于数字货币、跨境支付等领域，降低交易成本并提高交易效率。在供应链管理方面，区块链技术可以确保供应链信息的真实性和可追溯性，提高供应链的透明度和安全性。此外，区块链技术还在知识产权保护、数字身份认证等领域展现出巨大的应用潜力。

二、数字化技术的应用场景

随着信息技术的迅猛发展，人类社会已经进入了一个以数字化为表征的新时代。[①] 数字化技术正深刻改变着人们的生产生活方式以及社会运行模式。从智能制造到供应链管理，从远程医疗到移动支付，从在线教育到电子商务，再到智慧城市的建设与管理，数字化技术均发挥着至关重要的作用。

（一）智能制造

在智能制造领域，数字化技术正引领着工业生产的深刻变革，将传统制造业推向一个全新的智能化时代。借助物联网技术，工厂内的机器、设备、传感器等被紧密连接，形成一个庞大的智能网络。该网络如同一个高度协同的神经系统，能够实时收集生产数据、监控生产状态，及时发现并解决问题，进而实现生产过程的实时监控与优化。

在这个智能网络中，每一台机器、每一个设备都成为数据的源头，持续向系统发送运行数据、生产进度、故障预警等信息。系统则对这些数据进行实时分析，并依据分析结果调整生产计划、优化生产流程。例如，当系统检测到某台机器的运行效率下降时，会立即发出预警，并自动调整其运行参数或安排维护人员进行检查和维修。这种智能化的生产方式不仅提高了生产效率，还显著降低了能耗和废品率，为制造业的可持续发展注入

---

① 陈剑，黄朔，刘运辉.从赋能到使能——数字化环境下的企业运营管理［J］.管理世界，2020，36（2）：117-128.

了新动力。

此外，智能制造推动了生产模式的变革。传统生产模式往往基于经验进行预测性生产，而智能制造则可以实现基于数据的实时性生产。企业能够根据市场需求和库存情况，实时调整生产计划，确保产品供应与需求保持平衡。这种灵活的生产模式不仅提升了企业的市场竞争力，还降低了库存成本，实现了资源的优化配置。

（二）供应链管理

在供应链管理方面，数字化工具的应用使库存跟踪、物流优化和成本控制更加精准高效。企业可利用先进的数字化系统实时掌握库存情况，避免过度库存或缺货现象的发生。这些系统能够实时收集和分析库存数据，根据销售预测和市场需求，自动调整库存水平，确保库存与需求保持平衡。

同时，数字化技术还能帮助企业优化物流路径和配送策略。通过数据分析，企业可找出最优的物流路径和配送方案，降低物流成本，提高客户满意度。此外，数字化技术可实现物流过程的实时监控和可视化展示，使企业能够随时掌握物流进度和货物状态，确保物流过程顺畅安全。

在供应链风险管理方面，数字化技术同样发挥着重要作用。企业可利用数据分析技术预测和识别潜在的风险因素，如供应商的稳定性、运输路线的安全性等，并制定相应的应对策略。这种基于数据的供应链风险管理方式不仅提高了企业的抗风险能力，还确保了供应链的稳定和安全。

（三）远程医疗

远程医疗作为数字化技术在医疗领域的重要应用之一，正改变着传统的医疗服务模式。通过视频会议和远程监控设备，医生可实时了解病人的病情和健康状况，为病人提供远程诊断和治疗建议。这种服务模式不仅节省了病人的时间和精力，还使医疗资源得到更合理的分配和利用。

在远程医疗服务中，医生可利用视频会议系统与病人进行面对面交流，了解病人的症状和体征。同时，医生还可通过远程监控设备实时获取病人的生理数据，如心率、血压、血糖等，从而更准确地判断病人的病情。这种基于数据的远程医疗服务方式不仅提高了医疗服务的效率，还降低了医疗成本，为病人带来了更多便利和实惠。

（四）移动支付

移动支付作为数字化技术在金融领域的重要应用之一，已深入人们的日常生活。通过智能手机等移动设备，人们可随时随地进行数字支付，享受便捷、安全的支付体验。移动支付提高了支付效率，降低了现金交易的风险和成本，为金融行业的创新发展提供了新动力。

在移动支付中，用户可通过智能手机等移动设备下载并安装支付应用，绑定自己的银行卡或支付账户。然后，用户可利用支付应用进行线上线下的支付操作。无论是购物、餐饮、交通还是其他消费场景，用户都可通过移动支付快速完成支付操作。同时，移动支付支持多种支付方式，如二维码支付、NFC 支付等，让用户可以根据自己的需求和喜好选择合适的支付方式。

在安全性方面，移动支付采用了多种安全措施来保障用户的资金安全。例如，支付应用会采用密码、指纹、面部识别等多种身份验证方式，确保只有用户本人才能进行支付操作。同时，支付应用还会采用加密技术来保护用户的支付数据，防止数据被泄露或篡改。

（五）在线教育

在在线教育领域，数字化技术的应用使远程学习成为可能。通过提供远程学习平台，包括视频课程、在线测试和互动讨论等功能，教育机构可更便捷地为学员提供高质量的教育资源和服务。这种服务模式不仅打破了地域限制，还让学员可以根据自己的时间和节奏进行学习。

在远程学习平台中，教育机构可录制并上传视频课程，让学员可随时随地观看和学习。同时，远程学习平台还支持在线测试和互动讨论等功能，让学员可检验自己的学习成果并与其他学员进行交流和讨论。这种基于数字化技术的远程学习方式不仅提高了学习的灵活性，还降低了学习成本，为更多人提供了接受高质量教育的机会。

此外，数字化技术推动了教育资源的共享和优化配置。教育机构可利用数字化技术将优质的教育资源数字化并上传到网络上，让更多人可共享这些资源。同时，数字化技术还可实现教育资源的优化配置和个性化推荐，让学员可以根据自己的需求和兴趣选择适合自己的学习资源和学习方式。这种基于数字化技术的教育资源共享和优化配置方式不仅提高了教育资源的利用效率，还促进了教育的公平和均衡发展。

（六）电子商务

电子商务作为数字化技术在商业领域的重要应用之一，已彻底改变了人们的购物方式。通过在线平台销售商品，企业可更便捷地触达消费者，提供丰富的商品选择和便捷的购物体验。同时，电子商务还支持个性化推荐和数据分析等功能，帮助企业更好地了解消费者需求和市场趋势，制定更精准的营销策略。

在电子商务中，企业可利用在线平台展示和销售自己的商品，让消费者可以随时随地浏览和购买商品。同时，电子商务支持多种支付方式，如信用卡支付、支付宝支付等。这种基于数字化技术的电子商务模式不仅提高了购物的便捷性和效率，还降低了企业的销售成本和运营成本。

（七）智慧城市

智慧城市作为数字化技术在城市管理领域的重要应用之一，正推动着城市治理体系和治理能力现代化的进程。通过利用物联网和数据分析等技术手段，城市管理者可更精准地掌握城市运行状态和居民需求，优化能源管理、交通规划等城市管理决策。这种智能化的城市管理方式不仅提高了城市管理的效率，还提升了居民的生活品质和幸福感。

在智慧城市中，物联网技术被广泛应用于城市基础设施的建设和管理中。通过安装传感器和智能设备，城市管理者可实时收集和分析城市基础设施的运行数据，如交通流量、能源消耗、环境质量等。同时，智慧城市利用数据分析技术来优化城市管理决策。通过数据分析技术，城市管理者可对城市运行数据进行深入挖掘和分析，发现城市运行中的问题和瓶颈，并提出相应的解决方案。例如，在交通规划中，城市管理者可利用数据分析技术预测交通流量和拥堵情况，并制定出相应的交通疏导和拥堵缓解方案。

三、数字化技术的影响

数字化转型正在冲击和改变已有的技术路径、组织模式和国家战略，这一现象引起了学术界和实践界的广泛关注。[①] 数字化技术的影响深远且广泛，正在重塑社会的方方面面。以下从不同领域和角度，详细阐述数字化技术的影响。

（一）推动基础设施全面升级

数字化技术成为推动基础设施全面升级的重要驱动力。随着 5G 网络的广泛覆盖和物联网技术的深度融合，一个全新的通信时代已然来临。5G 网络凭借高速率、低延迟、大连接的特点，为物联网的爆发式增长奠定了坚实基础。在这一背景下，智能家居、智慧城市、工业互联网等诸多领域迎来了前所未有的发展机遇。通过 5G 与物联网的深度融合，这些领域内的设备与设备之间、人与设备之间实现了无缝连接与高效协同，极大地提升了生产效率，也为人们的生活带来了便利。

与此同时，云计算和边缘计算技术的兴起，进一步构建了更加灵活、高效的数字化基础设施。云计算作为数据处理和存储的中心枢纽，凭借其强大的计算能力和存储能力，持续发挥着不可替代的作用。它不仅能够满

---

① 曾德麟，蔡家玮，欧阳桃花.数字化转型研究：整合框架与未来展望［J］.外国经济与管理，2021（5）：63-76.

足大规模数据处理的需求，还能够实现资源的灵活调度和按需分配，大大降低了企业的运营成本。而边缘计算技术的出现，则有效缓解了数据传输的压力，进一步提升了数据处理的实时性和安全性。通过在网络边缘部署计算节点，边缘计算技术能够就近处理数据，减少了数据传输的延迟和带宽占用，同时也降低了数据泄露的风险。这一技术的广泛应用，为物联网的进一步发展提供了有力支撑。

数字化技术正以前所未有的速度推动着基础设施的全面升级，而5G网络、物联网、云计算和边缘计算等技术的深度融合，正在构建一个更加智能、高效、安全的数字化世界。

（二）引领产业变革，推动经济增长

数字化技术引领了产业变革，成为推动经济增长的新引擎。在当今时代，传统产业与数字技术的深度融合已成为一种常态，这种融合为各个产业领域带来了翻天覆地的变化。

在制造业中，数字化转型成为提升生产效率的关键。通过引入智能化生产线、自动化设备和数字化管理系统，企业能够实现生产流程的精准控制和资源的优化配置，从而大幅提高生产效率。同时，数字技术还能够助力企业进行产品创新和市场拓展，为制造业的持续发展注入新的活力。

农业领域同样受益于数字化转型。通过应用物联网、大数据和人工智能等技术，农业企业能够实现对农作物生长环境的精准监测和管理，提高农产品的产量和质量。此外，数字技术还能够促进农产品的营销和品牌建设，为农业产业的升级提供有力支持。

在服务业中，数字化转型同样带来了显著变化。通过应用数字化工具和平台，企业能够提供更便捷、高效的服务体验，满足消费者日益多样化的需求。同时，数字技术还能够助力企业进行精准营销和客户关系管理，提高市场竞争力。

除了传统产业，数字技术的深度应用与创新还在金融、医疗、交通等领域催生了新的商业模式和服务形态。例如，人工智能技术在金融领域的

应用推动了智能投顾、风险管理等创新服务的出现；大数据技术在医疗领域的应用促进了精准医疗和健康管理的发展；区块链技术在交通领域的应用推动了智能交通系统和智慧物流的建设。

此外，在数字化时代，产业边界日益模糊，跨界融合成为一种常态。互联网企业与传统产业的深度融合催生出许多新业态、新模式，这些新业态、新模式不仅打破了传统产业的壁垒，还为企业带来了新的增长点和竞争优势。基于数字平台的产业生态体系逐渐形成，企业间的竞争与合作模式发生了深刻变化。传统的产业链和价值链正在被重塑，企业需要通过不断创新和合作来适应这一变化，以实现可持续发展。

（三）改变公共服务领域面貌，提升服务便捷性和效率

数字化技术深刻地改变了公共服务领域的面貌，极大地提升了服务的便捷性和效率。在政府层面，数字化转型的步伐明显加快，政务服务因此变得更加便捷高效，为民众提供了极大的便利。政府数字化转型的深化，使得政务服务流程得以简化，民众办理各类事务的时间成本大幅降低。通过构建线上政务服务平台，政府实现了"一网通办"，让民众足不出户就能享受到便捷的政务服务。这些平台不仅提供了丰富的在线服务选项，还通过智能化的服务系统，为民众提供了个性化的服务体验。例如，通过人脸识别、指纹识别等生物识别技术，政务服务平台能够自动识别用户身份，为其推荐最符合需求的服务项目。

同时，数字化技术推动了社会治理的精准化和智能化。借助大数据、云计算等先进技术，政府能够实时收集和分析社会运行数据，实现对社会问题的精准识别和快速响应。这不仅提高了政府决策的科学性和准确性，还增强了政府对社会风险的防控能力。例如，在疫情防控期间，政府通过数字化技术实现了对疫情数据的实时监测和分析，为疫情防控提供了有力的数据支持。

此外，数字化技术还推动了国家治理体系和治理能力现代化。通过构建数字政府、智慧城市等新型治理模式，政府能够实现对社会资源的优化

配置和高效管理。这些新型治理模式不仅提高了政府的工作效率和服务质量，还增强了政府的公信力和民众的满意度。例如，通过智慧城市建设，政府能够实现对城市基础设施的智能化管理，提高城市运行的效率和安全性。

（四）改变教育和文化领域面貌，注入新活力

数字化技术深刻改变着教育和文化领域的面貌，为这两个领域的发展注入了新的活力和动力。

在教育领域，AI 技术的普及应用正在彻底改变传统的教学模式，为学生带来个性化学习体验。AI 驱动的教学系统能够收集和分析大量学生的学习数据，精准识别每个学生的学习风格、能力和兴趣点。基于这些数据，系统能够自动生成个性化的学习计划，针对学生的薄弱环节进行重点辅导，并提供量身定制的学习资源和建议，从而极大提升学习效率和效果。此外，AI 技术还能够实现智能答疑和即时反馈，让学生在遇到问题时能够迅速获得帮助，及时调整学习策略，确保学习过程的顺畅和高效。

在文化领域，数字化技术同样发挥着举足轻重的作用，为文化产业的创新与升级提供了强大的技术支持。人工智能、大数据、虚拟现实、增强现实等前沿科技正在被广泛应用于文化领域的各个方面，推动文化产业不断迈向新的高度。

在艺术创作中，AI 技术为艺术家提供了新的灵感来源和创作工具。AI 绘画能够自动生成多样化的艺术作品，为艺术家提供丰富的素材和参考；AI 音乐创作则能够根据特定的风格和情感需求，自动生成旋律优美的音乐作品，为音乐创作领域带来新的突破。这些技术的应用不仅丰富了艺术创作的表现形式，还拓展了艺术创作的边界和可能性。

在文化遗产保护方面，数字技术同样发挥着至关重要的作用。通过数字化手段，珍贵的历史遗迹和文物得以被永久保存和虚拟展示，让更多的人能够近距离感受到文化遗产的魅力和价值。同时，数字技术还能够实现对文化遗产的实时监测和数据分析，为文化遗产的保护和修复提供科学依

据和技术支持。

在影视制作领域，数字化技术的应用同样令人瞩目。特效技术的不断提升，使得影视作品在视觉效果上更加震撼和逼真，为观众带来了更加沉浸式的观影体验。这些技术的应用不仅提升了影视作品的制作水平，还推动了影视产业的快速发展和升级。

四、数字化技术的发展趋势

数字化技术的应用领域正在不断扩展和深化，其影响力正逐步渗透至社会经济的各个层面。从最初的互联网行业，到如今涵盖金融、零售、农业、工业、交通、物流、医疗健康等多个领域，数字化技术正全方位融入社会经济。未来，随着技术的持续进步和应用场景的不断拓展，数字化技术将在更多领域发挥关键作用。

（一）前沿科技突破引领发展

随着量子科技、脑机接口等前沿科技领域取得一系列重要突破，数字化技术正站在一个全新的起点上，预示着更多的创新变革即将到来。作为下一代信息技术的核心组成部分，量子科技有望在计算能力、通信技术和信息安全等多个领域引发革命性变革。在计算能力方面，量子计算机利用量子叠加和量子纠缠等独特性质，能够实现远超经典计算机的并行计算能力，为解决大规模计算问题提供了全新途径。在通信技术领域，量子通信技术利用量子态的不可克隆性，能够实现无条件安全的信息传输，为构建绝对安全的通信网络提供了可能。而在信息安全领域，量子密钥分发等技术为信息加密和解密提供了可靠保障，为数字化时代的信息安全问题提供了新的解决方案。

与此同时，脑机接口技术近年来也取得了显著进展。这项技术通过实现人与计算机之间的直接交互和通信，为数字化时代开辟了新的应用场景和商业模式。借助脑机接口技术，人们可以通过思维直接控制电子设备、进行信息交流和娱乐活动等，极大地丰富了人机交互的方式和体验。此外，脑机接口技术还在医疗、教育等领域展现出巨大的应用潜力，为这些领域的数字化转型提供了有力的技术支撑。

量子科技和脑机接口技术的突破与创新，不仅为数字化技术的发展注入了新动力，更推动了数字化技术向更高层次、更宽领域发展。这些前沿科技的应用将极大地拓展数字化技术的应用场景和商业模式，为数字化时代的社会经济发展提供更加多元化的动力源泉。

（二）数字化应用场景融合共生

产业互联网、消费互联网和智慧城市等数字化应用场景正在加速融合与共生，共同塑造着数字化时代的新面貌。在这一浪潮中，产业互联网发挥着至关重要的作用。它利用大数据、云计算、物联网和人工智能等先进的数字化技术，将传统产业与互联网紧密连接，打破了传统产业链的壁垒，实现了产业链的智能化和协同化。通过产业互联网，企业能够实时获取生产、库存、销售等各个环节的数据，进行精准决策，优化资源配置，提高生产效率。同时，产业互联网还促进了企业间的信息共享和协同合作，形成了更加紧密的产业生态，提升了整个产业链的竞争力。

与此同时，消费互联网在数字化技术的推动下，为消费者带来了便捷、高效和个性化的消费体验。电商平台、移动支付、在线娱乐等消费互联网应用，让消费者能够随时随地享受到丰富的商品和服务。数字化技术不仅简化了消费流程，还通过数据分析精准洞察消费者需求，提供个性化的推荐和服务，极大地提升了消费者的满意度和忠诚度。

智慧城市则是数字化技术在城市管理领域的应用典范。通过物联网、大数据、云计算等先进技术，智慧城市实现了城市管理的智能化和高效化。从交通管理、环境监测到公共安全、公共服务，智慧城市的应用场景涵盖了城市生活的方方面面。数字化技术不仅提高了城市管理的效率和精准度，还通过数据分析预测城市发展趋势，为城市规划和管理提供了科学依据。

值得注意的是，产业互联网、消费互联网和智慧城市等数字化应用场景并非孤立存在，而是相互融合、共生共荣。例如，产业互联网的发展推动了智能制造、智慧物流等新型业态的兴起，为消费互联网提供了更加丰富、优质的商品和服务；消费互联网的需求又反过来促进了产业互联网的升级和创新；而智慧城市建设则为产业互联网和消费互联网提供了更加广阔的应用场景和市场需求。这种融合与共生的趋势，将推动数字化技术向更加全面、深入的方向发展。数字化技术将不再局限于某一领域或某一环节，而是渗透到经济社会的方方面面，成为推动社会经济发展的重要力量。同时，这种融合与共生的趋势也将催生更多的新型业态和商业模式，为数字化时代的社会经济发展提供更加有力的支撑和保障。

（三）政策支持与规范引导

为推动数字化技术的健康发展，政府将加大对其支持力度和政策引导。在数字化技术日新月异的时代背景下，为确保其健康、有序且高效地发展，政府正逐步加大对该领域的支持力度，并通过一系列政策引导为其保驾护航。这些举措不仅旨在规范数字化技术的应用和发展，更在于激发创新活力，推动其与实体经济深度融合，共同构建数字经济的宏伟蓝图。

一方面，政府正积极制定和完善相关法规和政策，明确数字化技术的边界，规范其应用行为，确保其发展不偏离正确轨道。这些法规和政策不仅涵盖了数据安全、隐私保护、网络安全等关键领域，还针对人工智能、大数据、云计算等前沿技术进行了详细规定，旨在构建一个公平、公正、透明的数字化技术生态环境。

另一方面，政府也在持续加大对数字化技术研发和创新的投入与支持。通过设立专项基金、提供税收优惠、搭建创新平台等多种方式，政府正积极引导企业和科研机构加大在数字化技术领域的研发投入，推动技术创新和成果转化。

与此同时，政府还在积极推动数字化技术与实体经济的深度融合和协同发展。通过制定和实施一系列促进数字经济与实体经济融合发展的政策措施，政府正引导数字化技术向传统产业渗透，推动传统产业转型升级，实现数字经济与实体经济的共赢发展。

此外，标准制定在数字化技术的发展中也变得越来越重要。为确保数字化技术的互操作性和兼容性，政府正积极推动相关标准的制定和完善。这些标准不仅涵盖了技术规格、数据格式、通信协议等方面，还针对数字化技术的应用场景和业务流程进行了详细规定。通过制定和实施这些标准，政府正努力构建一个统一、开放、可互操作的数字化技术生态系统，为数字化技术的广泛应用和协同发展提供有力保障。

（四）人才培养与教育创新保障

数字化技术的发展需要大量人才支持。数字化技术的迅猛发展，不仅推动了各行各业的转型升级，也对人才提出了更高要求。面对这一趋势，未来数字化技术的发展将更加注重人才培养和教育创新，以确保有足够的高素质人才支撑这一领域的持续繁荣。

为加强数字化技术人才的培养和引进，企业需要与教育机构、科研机构等建立紧密的合作关系，共同打造数字化技术人才培养体系。同时，提高数字化技术人才的素质和水平也至关重要。这要求企业在招聘过程中严格把关，选拔具备扎实技术基础和良好创新能力的优秀人才。此外，企业还需要建立完善的激励机制和晋升渠道，鼓励员工不断学习和进步，提升他们的职业素养和创新能力。

除了加强人才培养和引进外，推动教育创新也是培养数字化技术人才的重要途径。教育创新包括教学方法、教学内容、教学手段等多个方面的改革和创新。例如，可以采用项目式学习、探究式学习等先进的教学方法，激发学生的学习兴趣和创新能力；可以引入最新的数字化技术成果和案例，丰富教学内容，提升教学质量；可以利用虚拟现实、增强现实等先进技术手段，打造沉浸式学习环境，提高学生的学习效果和体验。

此外，教育创新还需要注重培养学生的综合素质和创新能力。这要求教育机构在课程设置、教学内容选择、实践活动安排等方面，都要注重培养学生的批判性思维、解决问题的能力、团队协作能力等综合素质。同时，还要鼓励学生积极参与科研项目、创新竞赛等活动，锻炼他们的创新思维和实践能力。通过这些措施，可以培养出更多具备数字化技术素养和创新能力的人才，为数字化技术的发展注入新的活力。

第二节　乡村数字化概述

乡村治理是国家治理的基石，探究乡村治理数字化的内涵与现实需求，对于构建乡村数字治理体系具有重要意义。[①]乡村数字化是指在乡村地区，运用现代信息技术手段，将各类资源进行数字化处理，从而实现乡村生产、生活、生态等全方位的数字化、网络化、智能化转型。这一过程是信息化与农业现代化、农村现代化深度融合的一种新型乡村发展模式。

一、乡村数字化的主要内容

乡村数字化涵盖数字化生产、数字化生活和数字化生态等多个方面。通过数字化手段，可以推动农业生产向智能化、精细化方向发展，提升乡村居民的生活品质和文化素养，保护乡村生态环境，并实现经济的可持续发展。

在乡村数字化进程中，数字化生产是核心环节，直接关乎农业生产的效率。利用物联网技术，可以实现对农业生产过程的实时监控和精确管理。例如，在农田中布置传感器，实时监测土壤湿度、温度、光照等关键参数，为农民提供精准的灌溉、施肥指导。大数据技术也在农业生产中发挥着举足轻重的作用。通过对历史气象数据、作物生长数据、市场销售数据等进行挖掘和分析，农民可以更加科学地制定生产计划，预测市场趋势，从而优化种植结构，提高农产品的附加值。此外，大数据还可以帮助农民精准

---

① 冯献，李瑾，崔凯.乡村治理数字化：现状、需求与对策研究［J］.电子政务，2020（6）：73-85.

对接市场需求，实现农产品的定制化生产。数字化生产还体现在农机装备的智能化升级上，如无人驾驶拖拉机、无人机植保等智能农机装备，可以提高农业生产效率，减轻农民的劳动强度。这些装备通过集成导航、遥感、自动控制等技术，实现了精准作业和高效管理，为现代农业的发展注入了新的活力。

在数字化生活方面，乡村数字化服务平台的建设至关重要。这些平台可以提供政务、教育、医疗等公共服务，方便乡村居民获取各类信息和服务。例如，政务服务平台可以让村民在线办理社保、户籍、税务等业务，极大地提高了办事效率；教育平台可以为乡村儿童提供优质的在线教育资源，弥补乡村教育资源匮乏的问题；医疗平台则可以通过远程医疗咨询、在线问诊等服务，解决乡村居民看病难的问题。此外，数字化手段还可以推动乡村文化的传承与创新。通过建立乡村文化数据库，可以保存和展示乡村的历史文化、民俗风情等，增强乡村居民的文化认同感；利用数字化技术，还可以开展丰富多彩的乡村文化活动，如线上文艺演出、乡村故事分享等，丰富乡村居民的精神文化生活。

在数字化生态方面，利用数字化手段对乡村生态环境进行监测与保护是一项重要任务。通过建立生态环境监测网络，可以实时监测水质、空气质量、土壤污染等关键指标，及时发现并解决环境问题。这些监测数据为政府制定环保政策、规划生态修复项目提供了科学依据。同时，数字化手段还可以推动乡村特色产业的发展。通过大数据分析，可以挖掘乡村地区的生态资源优势和产业潜力，引导农民发展绿色种植、生态养殖等产业。这些产业不仅有助于保护生态环境，还能为乡村经济带来新的增长点。

二、乡村数字化的特征

信息化水平提升是乡村数字化进程中最为直观的特征之一。随着乡村地区信息流通和互联网接入的加速推进，数字服务的普及率显著提高。政府和社会资本共同投入，大力建设高速宽带网络和移动通信基础设施，使乡村地区的信息流通速度实现了质的飞跃。村民能够更方便地获取外界信息，享受在线教育、远程医疗等现代化服务，为乡村经济的多元化发展和转型升级提供了有力支撑。信息的畅通无阻，让乡村不再闭塞，而是成为连接城乡、融入全球市场的重要一环。

农业生产智能化是乡村数字化带来的另一个革命性变化。物联网、大数据、人工智能等先进技术的应用，使农业生产过程变得更加智能化和精准化。智能温室能够自动调节温度、湿度，为作物提供最适宜的生长环境；精准灌溉系统根据土壤湿度和作物需求进行灌溉，避免了水资源的浪费；病虫害预警系统通过实时监测作物生长状态，及时发现并处理潜在威胁，有效降低了病虫害造成的损失。这些技术的应用，不仅大幅提高了农业生产的效率，还显著减少了化肥、农药等资源的使用量，为农民带来了更可观的经济收益。

农村电商的兴起，为乡村地区开辟了新的销售渠道，使农产品能够直接走向市场。通过电商平台，农民可以绕过传统的中间商环节，将自家种植的农产品直接销售给消费者，从而增加收入来源。农村电商的发展也促进了农产品的品牌化和标准化建设，提升了农产品的市场竞争力。消费者能够更方便地购买到新鲜、优质的农产品，而农民也能享受到电商带来的红利，实现增收致富。

乡村治理数字化是乡村地区社会治理现代化的重要体现。通过信息化手段，乡村治理部门能够实时感知农村社会态势，畅通沟通渠道，辅助科学决策。智能监控系统的部署，有效提升了乡村治安水平，减少了违法犯罪行为的发生。大数据分析技术的应用，让乡村治理部门能够更准确地把握社会需求和发展趋势，制定出更加符合实际的政策措施。这些数字化手段的应用，使得乡村治理更加精准高效，为乡村地区的稳定发展提供了坚实保障。

此外，乡村数字化还推动了农民数字素养的提升。通过举办数字技能培训课程，农民掌握了更多的数字化技能和知识，提高了他们的就业和创业能力。数字技能不仅让农民能够更好地适应现代社会的生产生活方式，还为他们提供了更多样化的收入来源。同时，数字技能培训还促进了乡村文化的传承与发展，让传统文化与现代科技相结合，展现出新的生机与活力。

三、乡村数字化的发展历程

乡村数字化的探索起源于信息技术初步普及的时期。在这一阶段，乡村地区开始尝试运用计算机、互联网等现代信息技术手段，以提升行政管理和公共服务的效率。一些地区建立了电子政务平台，实现了政务信息的在线查询和办理功能，初步展现了数字化在提升乡村治理能力方面的潜力。同时，部分农业企业开始尝试将信息技术应用于农业生产管理，如利用计算机进行数据处理和决策分析。然而，整体上，这一阶段的数字化应用还较为零散，尚未形成系统性、规模化的乡村数字化发展模式。

随着信息技术的不断发展和普及，乡村数字化建设进入了快速发展阶段。在这一阶段，物联网、大数据、云计算等新一代信息技术开始在乡村地区得到广泛应用。智慧农业成为乡村数字化的重要发展方向，通过部署传感器、无人机、智能农机等设备，实现了对农田环境、作物生长、病虫害等关键信息的实时监测和预警，显著提高了农业生产的智能化和精准化水平。同时，乡村治理数字化也取得了显著进展，电子政务平台、乡村治理 App 等数字化工具的应用，极大地提升了乡村治理的透明度和效率。此外，乡村电商、乡村旅游等数字化新业态的兴起，为乡村经济发展注入了新的活力。

当前，乡村数字化正处于深化应用阶段。在这一阶段，数字化技术不仅继续深化在农业生产和乡村治理领域的应用，还开始向乡村生活的各个方面渗透。智慧教育、智慧医疗、智慧养老等数字化服务在乡村地区的普及，极大地改善了乡村居民的生活品质。同时，乡村数字化也开始注重与生态环境保护、文化传承等相结合，推动乡村地区的可持续发展。此外，随着 5G、人工智能等前沿技术的引入，乡村数字化正朝着更高水平、更广领域发展，为乡村全面振兴提供了有力支撑。

未来，乡村数字化将继续深化发展，成为推动乡村全面振兴的重要力量。随着技术的不断进步和应用场景的持续拓展，乡村数字化将更加注重系统性、协同性和创新性，推动农业生产、乡村治理、乡村生活、生态环境等各个方面的深度融合和协同发展。同时，乡村数字化也将更加注重人文关怀和社会责任，确保数字化红利惠及广大乡村居民，促进乡村社会的和谐稳定和可持续发展。

四、乡村数字化转型的影响因素

乡村数字化转型的影响因素是多方面的、复杂的，涵盖政策、经济、技术、人才、社会和基础设施等多个维度。这些因素相互交织、相互影响，共同推动着乡村数字化的进程和发展。因此，在推进乡村数字化的过程中，需要全面综合考虑这些因素的影响和作用机制，制定科学合理的规划和策略。

（一）政策因素

政策在乡村数字化进程中发挥着举足轻重的作用，它既是引领者，也是支撑者。政府对乡村数字化的重视程度，直接体现在相关政策的制定与实施上。从国家层面到地方层面，一系列旨在推动乡村数字化的政策措施相继出台，为乡村数字化指明了发展方向，提供了坚实的政策保障。

国家层面的政策往往具有宏观性和指导性，如《数字乡村发展战略纲要》等，明确了乡村数字化的总体目标、重点任务和保障措施。这些政策不仅为乡村数字化描绘了清晰的蓝图，还通过财政补贴、税收优惠等激励措施，鼓励企业和社会资本积极投入乡村数字化建设。

地方层面则更注重政策的落地实施和具体操作。地方政府根据本地实际情况，制定具体的实施方案和行动计划，确保国家政策在乡村地区得到有效执行。同时，地方政府还通过设立专项资金、建设示范项目等方式，为乡村数字化提供资金和技术支持，推动数字化技术在乡村地区的广泛应用。

政策的实施效果对乡村数字化的进程和成效具有直接影响。一方面，政策的及时出台和有效实施，能够激发乡村地区的数字化活力，推动数字化技术的深入融合和广泛应用。另一方面，政策的滞后或执行不力，则可能阻碍乡村数字化进程，甚至引发一系列问题和挑战。

（二）经济因素

经济条件是乡村数字化发展的基础，也是制约其发展的重要因素。乡村地区的经济发展水平、产业结构、资金投入等都会对数字化进程产生深远影响。

经济发展水平是决定乡村数字化进程的关键因素之一。经济发达的乡村地区，往往拥有更完善的产业体系和更雄厚的经济实力，能够为数字化转型提供充足的资金支持和良好的市场环境。这些地区通常更容易吸引数字化企业和人才，推动数字化技术的创新和应用，促进数字化产业的快速发展。

产业结构对乡村数字化的影响同样不容忽视。产业结构的优化升级能够推动乡村地区经济结构的转型和升级，为数字化提供更多应用场景和市场需求。例如，农业产业的数字化转型能够推动智慧农业的发展，提高农业生产效率和农产品质量；乡村旅游产业的数字化转型则能够提升乡村旅游的品质和吸引力，促进乡村旅游业的蓬勃发展。

资金投入是乡村数字化发展的重要保障。乡村数字化需要大量的资金投入用于基础设施建设、技术研发、应用推广等方面。然而，由于乡村地区经济基础相对薄弱，资金投入不足成为制约乡村数字化发展的瓶颈之一。因此，政府和企业需要加大投入力度，拓宽融资渠道，为乡村数字化提供充足的资金支持，确保数字化进程的顺利进行。

（三）技术因素

技术是乡村数字化的核心驱动力，也是推动其创新发展的关键所在。信息技术的迅猛发展和广泛应用，为乡村数字化转型提供了强大的技术支持和广阔的应用前景。

物联网、大数据、云计算、人工智能等先进技术的融合应用，正在深刻改变乡村地区的生产生活方式。物联网技术使得农业生产实现智能化和精准化管理，显著提高了农业生产效率和农产品质量。大数据技术能够对乡村地区的经济、社会、环境等多方面进行全面监测和深入分析，为政府决策提供科学准确的依据。云计算技术为乡村地区提供了高效、便捷的信息服务和技术支撑。人工智能技术则推动了乡村治理的智能化和精准化，提升了乡村治理水平和服务质量。

技术的不断创新和升级，为乡村数字化带来了新的发展机遇和强劲动力。一方面，新技术的不断涌现和应用，促使乡村数字化向更高层次、更广领域拓展；另一方面，技术的升级和优化降低了数字化技术的成本和应用门槛，使更多乡村地区能够享受到数字化带来的实惠。

然而，技术因素也伴随着一定的挑战和风险。一方面，数字化技术的快速迭代和更新可能导致乡村地区在技术应用上存在一定的滞后性和不适应性；另一方面，数字化技术的安全性和可靠性问题也可能对乡村数字化进程造成一定的冲击和影响。因此，在推进乡村数字化的过程中，既要注重技术的创新和升级，也要加强技术监管和安全保障工作。

（四）人才因素

人才是乡村数字化发展的关键要素之一。乡村地区的人才储备、人才结构和人才流动等因素都会深刻影响数字化的进程和成效。

高素质、专业化的人才队伍是乡村数字化发展的重要支撑。这些人才通常具备丰富的专业知识和实践经验，能够为乡村数字化转型提供有力的智力支持和决策建议。他们不仅能够推动数字化技术的创新和应用，还能够促进乡村地区经济社会的全面发展。

然而，乡村地区在人才方面往往存在一定的短板。一方面，由于乡村地区经济相对落后、生活条件相对艰苦等原因，导致人才流失严重，难以吸引和留住高素质人才；另一方面，乡村地区的人才结构不尽合理，缺乏具备数字化技能和专业知识的人才。这些问题都制约了乡村数字化的发展进程。

因此，在推进乡村数字化的过程中，需要重视人才的培养和引进工作。一方面，要通过加强教育和培训等方式，提高乡村地区居民的文化素质和数字化技能水平；另一方面，要通过制定优惠政策、提供良好的工作环境和待遇等方式，吸引和留住高素质人才为乡村数字化服务。同时，还要注重人才的流动和交流，促进不同领域、不同地区之间的人才资源共享和合作发展。

（五）社会因素

社会因素是影响乡村数字化进程的重要因素之一。乡村地区的社会环境、文化氛围、居民素质等都会对数字化进程产生深远影响。

乡村居民对数字化技术的认知程度是影响其接受和使用数字化技术的重要因素。由于乡村地区相对封闭和落后，部分居民对数字化技术的认知可能存在局限性和误解，担心数字化技术会带来安全隐患或侵犯个人隐私等问题，从而对数字化技术持谨慎或排斥态度。这种认知上的障碍会限制数字化技术在乡村地区的推广和应用。

此外，乡村居民的使用习惯也会影响数字化技术的普及程度。由于长期形成的传统生活方式和生产方式的影响，部分乡村居民可能习惯于使用传统方式获取信息和服务，而不太愿意尝试新的数字化方式。这种使用习惯上的惯性会阻碍数字化技术在乡村地区的普及和发展。

因此，在推进乡村数字化的过程中，需要注重提高乡村居民对数字化的认知程度和培养其使用习惯。一方面，要通过宣传教育、示范引领等方式，提高乡村居民对数字化技术的认知水平和接受程度；另一方面，要通过提供便捷、实用的数字化服务等方式，引导乡村居民逐渐改变传统的使用习惯，积极拥抱数字化时代。

同时，还要注重乡村地区的文化传承和社会结构等因素对数字化进程的影响。在推进乡村数字化的过程中，要尊重和保护乡村地区的传统文化和社会结构特点，避免过度商业化或同质化等问题的出现。要利用数字化技术推动乡村地区的文化传承和创新发展，促进乡村社会的和谐稳定和可持续发展。

（六）基础设施因素

基础设施是乡村数字化的重要支撑和保障。乡村地区的网络设施、交通设施、能源设施等都会直接影响数字化的进程和成效。

网络设施是乡村数字化的基础条件之一。完善的网络设施能够为乡村地区提供高效、便捷的信息传输和通信服务，推动数字化技术的广泛应用和深入融合。然而，由于乡村地区地理位置偏远、经济条件相对落后等原因，网络设施建设往往面临困难和挑战。部分乡村地区可能存在网络覆盖不全、网络速度较慢等问题，限制了数字化技术在乡村地区的推广和应用。

交通设施对乡村数字化的影响也不容忽视。交通设施的完善程度直接影响乡村地区与外界的交流和联系。便捷的交通设施能够促进乡村地区与外界的沟通和合作，推动数字化技术的引进和应用。然而，部分乡村地区由于交通不便等原因，可能导致数字化技术的引进和应用受到限制和阻碍。

能源设施也是乡村数字化的重要支撑之一。能源设施的完善程度直接影响乡村地区数字化技术的运行和使用效果。然而，由于乡村地区能源资源相对匮乏或能源设施落后等原因，可能会影响数字化技术的运行和使用效果。

因此，在推进乡村数字化的过程中，需要注重基础设施的建设和完善。一方面，要加大投入力度，加快网络设施、交通设施、能源设施等基础设施的建设和升级；另一方面，要注重基础设施的维护和管理，确保其安全、稳定、高效地运行。同时，还要注重基础设施的协同发展和优化布局，促进不同基础设施之间的互联互通和资源共享。

第三节　乡村数字化赋能的时代背景

乡村数字化赋能的时代背景是多维度的，涵盖了国家发展战略的驱动、乡村振兴的迫切需求、数字技术的迅猛进步、城乡融合发展的必然要求以及基层治理现代化的内在需求等。这些因素共同构筑了乡村数字化赋能的宏观环境与微观基石。

我国高速发展的数字经济正在成为驱动经济社会全方位高质量发展的重要引擎，数字经济赋能乡村建设是乡村振兴的重要战略方向。[①]在国家发展战略的强力驱动下，乡村数字化获得了政策层面的全力支持与坚实保障。面对乡村振兴的紧迫任务，乡村数字化成为推动乡村产业迈向高质量发展的有效路径。数字技术的飞速发展为乡村数字化提供了强大的技术支撑。城乡融合发展的迫切需求，使得乡村数字化成为促进城乡资源要素自由流动和优化配置的关键手段。而基层治理现代化的要求，则让乡村数字化成为推动乡村治理实现精准化和民主化的得力助手。

随着数字技术的持续发展与广泛普及，乡村数字化将迎来更为广阔的发展前景和更为丰富的应用实践。我们应紧握这一历史契机，积极助推乡村数字化的进程，为乡村振兴和城乡融合发展贡献我们的智慧与力量。

一、国家发展战略的驱动

随着全面建设社会主义现代化国家新征程的开启，我国经济社会发展迈入了一个崭新的历史阶段。在这个阶段，追求高质量发展成了"十四五"时期乃至更长时期内经济社会发展的核心议题。为了推动经济社会的高质量发展，必须加速乡村发展的步伐，确保乡村建设能够紧跟社会主义现代化国家建设的整体进程。

乡村作为中国经济社会发展的重要组成部分，其发展的质量和速度直接关乎国家现代化的全局进程。因此，国家将乡村高质量发展确立为重要战略任务，通过一系列政策措施来全面推动乡村的振兴。数字乡村建设作为推动农业生产、乡村产业和乡村治理数字化的有效途径，被提升到了国家战略的高度。这一战略决策不仅彰显了国家对乡村发展的高度重视，也为乡村数字化提供了坚实的政策保障。

---

① 张蕴萍，栾菁.数字经济赋能乡村振兴:理论机制、制约因素与推进路径［J］.改革,2022（5）:79-89.

党的二十大报告明确指出，要"坚持农业农村优先发展，坚持城乡融合发展，畅通城乡要素流动"。[①]这一战略导向为乡村数字化指明了清晰的方向和目标。通过农业农村优先发展，可以确保乡村在现代化进程中占据举足轻重的地位；通过城乡融合发展，可以打破城乡二元结构，实现城乡资源要素的自由流动和优化配置；通过畅通城乡要素流动，可以促进乡村地区与城市地区的互联互通，为乡村数字化开辟更广阔的发展空间。

二、乡村振兴的迫切需求

党的二十大报告明确提出，要"全面推进乡村振兴"。[②]乡村振兴是实现中国式现代化的重要任务，也是实现共同富裕的必由之路。然而，当前乡村产业发展面临着诸多挑战和难题，其中产业结构单一、新产业新业态培育缓慢等问题尤为突出。

为了破解这些难题，推动乡村产业高质量发展，数字乡村建设应运而生。通过引入数字产业化项目，推动乡村产业数字化转型，可以带动乡村数字化产业实现"从无到有、从有到优"的快速发展。这不仅能拓宽乡村产业结构类型，促进乡村经济多元化发展，还能为农民提供新的就业空间和发展模式，提高他们的收入水平和生活质量。

数字乡村建设还能促进乡村产业的融合和创新发展。通过数字化手段，可以将农业、林业、渔业等传统产业与旅游、文化、教育等新兴产业进行深度融合，形成具有地方特色的产业集群和产业链。同时，数字化手段能激发乡村产业的创新活力，推动乡村产业向高端化、智能化、绿色化方向发展。

---

① 习近平.高举中国特色社会主义伟大旗帜 为全面建设社会主义现代化国家而团结奋斗——在中国共产党第二十次全国代表大会上的报告［EB/OL］.（2022-10-25）［2024-12-12］.https://www.gov.cn/xinwen/2022-10/25/content_5721685.htm.

② 习近平.高举中国特色社会主义伟大旗帜 为全面建设社会主义现代化国家而团结奋斗——在中国共产党第二十次全国代表大会上的报告［EB/OL］.（2022-10-25）［2024-12-12］.https://www.gov.cn/xinwen/2022-10/25/content_5721685.htm.

三、数字技术的快速发展

数字技术以其独特的渗透力和创新力，正深刻改变着世界经济格局，成为推动我国经济发展的新引擎。随着信息技术的不断发展和普及，5G网络、物联网、大数据中心、人工智能平台等新型数字基础设施得到了广泛建设和应用。这些基础设施为乡村地区提供了高速、稳定的网络服务，打破了信息孤岛，促进了信息的流通和共享。

数字技术的快速发展为乡村数字化提供了有力的技术支持。通过利用大数据、云计算、人工智能等先进技术，可以对乡村地区的资源环境、产业发展、社会治理等方面进行全面分析，为乡村发展提供科学决策和精准服务。数字技术还能推动乡村产业的智能化升级和数字化转型，提高生产效率和产品质量，降低生产成本和资源消耗。

此外，数字技术的发展促进了乡村地区的人才培养。通过建设数字乡村学院、开展数字技能培训等，可以培养一批具备数字化素养和创新能力的人才，为乡村数字化提供有力的人才保障和智力支持。

四、城乡融合发展的需求

加快推进城乡融合发展，是破解城乡发展壁垒、实现优质资源要素在城乡之间自由流动和优化配置的关键。数据作为新型生产要素，是基础性资源和战略性资源。通过数据要素赋能传统生产要素，可以大幅提升土地、劳动力、资本、技术、管理等要素的全要素生产率，为传统产业的数字化转型和新兴产业的发展提供有力支撑。

乡村数字化正是实现城乡融合发展目标的重要途径。通过数字化手段，可以打破城乡之间的信息壁垒和行政壁垒，促进城乡之间的资源要素自由流动和优化配置。数字化手段还能推动乡村地区的产业升级和经济发展，提高乡村地区的吸引力和竞争力，吸引更多的人才和资本向乡村地区流动。

在城乡融合发展的过程中，乡村数字化还能促进城乡之间的文化交流和互动。通过数字化平台和文化产业项目，可以推动乡村文化的传承和创新发展，增强乡村地区的文化软实力和影响力。同时，数字化手段还能促进城乡之间的教育、医疗、社保等领域的均衡发展，提高城乡居民的生活质量和幸福感。

五、基层治理现代化的需求

乡村治理是国家治理体系的重要组成部分，也是推动乡村振兴和城乡融合发展的关键环节。然而，当前乡村治理面临着诸多挑战和难题，如村民参与治理程度低、决策缺乏科学性、治理时效性不足等。这些问题不仅影响了乡村治理的效率和效果，也制约了乡村地区的持续发展和长治久安。

数字技术的应用为基层治理提供了全新的视角和手段。通过信息化手段感知农村社会态势、畅通沟通渠道、辅助科学决策，可以加强对农村资产、资源、生态、治安等领域的精准管理，推动信息化与乡村治理体系的深度融合，实现乡村治理精准化。这可以增强村民的参与感和归属感，推动乡村社会的和谐稳定和繁荣发展。

在乡村治理现代化的过程中，数字技术的应用还能促进乡村社会的民主化进程。通过数字化平台和信息公开机制，可以保障村民的知情权、参与权和监督权，推动乡村治理的民主化和法治化进程。同时，数字化手段还能促进乡村社会信用体系建设和社会信用环境的改善，提高乡村社会的整体素质和文明程度。

第四节　农业绿色低碳转型概述

农业绿色低碳转型，是指在保持农业经济增长的同时，通过优化资源配置、提高资源利用率和减少碳排放等一系列措施，促使农业生产方式向绿色化、低碳化方向转变。这一转型的核心目标是推动农业可持续发展，提升农产品质量，并减轻农业生产对环境的负面影响。

一、农业绿色低碳转型的特征

低投入、高产出是绿色低碳农业最显著的特征之一。该模式强调在农业生产中，通过科学管理和技术创新，以最少的物质投入获取最大的产出收益。这不仅是对传统农业高投入、低效率生产方式的根本性变革，也是实现农业可持续发展的必然要求。在实践中，绿色低碳产业通过优化资源配置和提高资源利用率来实现这一目标。例如，精准施肥技术能精确控制化肥使用量，避免过量施肥导致的土壤污染和养分流失；节水灌溉技术则通过智能控制灌溉量和时间，有效减少水资源浪费。

节约资源和保护环境是绿色低碳农业的另一个重要特征。在农业生产过程中，该模式注重减少对土地、水资源和能源的消耗，同时降低对环境的污染和破坏。为实现这一目标，绿色低碳农业采用需要绿色生产技术和生产方式。例如，推广有机肥料以增加土壤有机质含量、改善土壤结构、提高土壤肥力，从而减少化肥使用量；生物防治技术则利用天敌、微生物等自然力量控制病虫害，减少农药使用，降低农药残留对人体和环境的危害。

循环经济是绿色低碳农业的又一重要特征。该模式强调将农业废弃物转化为有用资源，实现资源的循环利用和高效利用。在绿色低碳农业中，农业废弃物被视为宝贵资源。例如，秸秆还田技术通过将秸秆粉碎后还入土壤，增加土壤有机质、改善土壤结构；畜禽粪便资源化利用技术则通过发酵、堆肥等方式，将畜禽粪便转化为有机肥料和生物质能源，既解决了畜禽粪便污染环境问题，又提供了优质的有机肥料和可再生能源。

二、农业绿色低碳转型的目标

农业绿色低碳转型的目标是现代农业发展的重要导向，旨在实现农业生产方式的根本性变革，促进农业经济的可持续发展和生态环境的保护。

优化资源配置是农业绿色低碳转型的首要目标。在农业生产过程中，资源的有效配置和高效利用是提高农业生产效率和效益的关键。通过运用现代科技手段，可以实现对农业生产过程的精准管理和控制。这些技术能够实时监测土壤湿度、养分状况、作物生长状况等关键信息，指导农民科学施肥、合理灌溉、精准防治病虫害等，避免资源浪费和过度消耗。通过优化资源配置，可以提高资源利用率和产出效率，减少农业生产对自然资源的依赖，推动农业向更加集约、高效、可持续的方向发展。

减少碳排放是农业绿色低碳转型的重要目标之一。农业生产过程中产生的碳排放对全球气候变化具有重要影响。为降低农业生产对气候变化的影响，需要积极推广低碳农业技术和生产方式，如使用低碳肥料、推广有机农业、发展生态农业等，以减少农业生产过程中的温室气体排放。同时，通过改进农业生产工艺和流程，提高能源利用效率，减少能源消耗和碳排放。这些措施的实施有助于降低农业生产对全球气候变化的负面影响，为应对气候变化挑战作出积极贡献。

提高农产品质量和安全性是农业绿色低碳转型的又一重要目标。随着消费者对农产品品质和安全性要求的不断提高，这一目标已成为农业发展的重要方向。通过推广绿色生产技术和标准化生产流程，可以确保农产品在生产过程中不使用或尽量少使用化学农药和化肥，降低农产品中的有害物质残留，提高农产品的品质和安全性。这不仅可以满足消费者对农产品的多样化需求，还可以增强农产品的市场竞争力，推动农业向更加绿色、健康、可持续的方向发展。

推动农业可持续发展是农业绿色低碳转型的最终目标。可持续发展要求实现经济、社会和生态环境的协同发展。在农业领域，推动农业可持续发展需要构建农业绿色发展体系，推动农业生产方式的绿色化和低碳化转型。这包括优化农业产业结构、提高农业资源利用效率、加强农业生态环境保护等多方面的措施。通过推动农业可持续发展，可以实现农业经济增长、社会福祉提升和生态环境保护的协同发展。

三、农业绿色低碳转型的意义

农业绿色低碳转型不仅关乎农业自身的长远发展，更与全球气候变化的应对、生态环境的保护及人类社会的可持续发展紧密相连。因此，我们应积极推动农业绿色低碳转型，加强政策引导和技术支持，为农业绿色发展、建设美丽中国贡献力量。

（一）促进农业可持续发展

在农业绿色低碳转型的推动下，优化资源配置成为农业发展的核心任务。通过引入先进的节水灌溉技术，农业水资源得以更加高效、精准地利用，有效减少了水资源浪费。同时，精准施肥技术的推广使得肥料能够按需供给，既提高了肥料利用率，又避免了过量施肥带来的土壤和环境污染。这些技术的应用实现了农业生产的精细化管理，为农业可持续发展奠定了坚实基础。

绿色低碳农业注重减少化肥、农药等化学投入品的使用，这不仅有助于降低农业生产成本，还显著提升了农产品的品质。通过推广有机肥替代化肥、生物防治替代化学农药等措施，农业生产逐渐转向更加环保、可持续的方式。这种转变不仅减少了农业生产对化学物质的依赖，还增强了农产品的市场竞争力，为农民增收开辟了新途径。

面对全球气候变化和自然灾害的挑战，绿色低碳农业通过一系列措施增强了农业生产的稳定性和抗风险能力。通过改良土壤结构、提高土壤肥力，农业生产能够更好地适应气候变化带来的挑战。同时，发展生态农业、循环农业等新型农业模式，使得农业生态系统得到了更好的保护和恢复，提高了农业生产的自我修复和恢复能力。这些措施共同构成了农业绿色低碳转型的重要内容，为农业可持续发展提供了有力保障。

（二）应对全球气候变化

农业是温室气体排放的重要来源之一，尤其是甲烷和氧化亚氮的排放。在农业绿色低碳转型的推动下，通过推广有机农业、精准农业等技术，农业生产过程中的温室气体排放得到了有效控制。有机农业注重土壤健康和生态平衡，通过减少化肥和农药的使用，降低了农业生产对环境的负面影响。精准农业则借助智能化、信息化的手段，实现了农业生产的精细化管理，减少了资源浪费和环境污染。这些措施共同降低了农业生产过程中的温室气体排放，为应对全球气候变化作出了积极贡献。

绿色低碳农业还注重保护和恢复农业生态系统，通过植树造林、草原修复等措施，增强了生态系统碳汇能力。这些措施不仅有助于减缓全球气候变化，还提高了生态系统的稳定性和生物多样性。同时，发展生态农业、循环农业等新型农业模式，使得农业生态系统得到了更好的保护和利用，实现了经济效益、社会效益和生态效益的共赢。

（三）推动经济社会发展

绿色低碳农业通过提高农产品的品质和附加值，增加了农民的收入，促进了农村经济的发展。同时，发展生态农业、休闲农业等新型农业业态，拓展了农业的功能和领域，为农村经济发展注入了新的活力。这些新型农业业态不仅提升了农产品的市场竞争力，还带动了乡村旅游、农产品加工等相关产业的发展，为农村经济发展提供了更广阔的空间和机遇。

随着全球对绿色低碳产品的需求不断增加，绿色低碳农业已成为提升农业国际竞争力的重要途径。通过推广绿色低碳技术和产品，我国农产品在国际市场上的竞争力得到了显著提升。同时，加强与国际市场的合作与交流，也进一步提升了我国农产品在国际贸易中的地位和影响力。

绿色低碳农业的发展不仅为农村提供了更多的就业机会和创业空间，还带动了相关产业的发展。通过发展生态农业旅游、农业废弃物资源化利用等产业，农村创造了更多的就业岗位和创业机会。同时，加强农村职业教育和技能培训，提高了农民的技能水平和就业能力，为农村经济发展提供了更加坚实的人才支撑。

四、农业绿色低碳转型的理论支撑

农业绿色低碳转型的理论支撑是一个涵盖生态学、经济学、社会学等多个学科的综合理论体系。这些理论相互交织、相互支撑，共同构成了推动农业绿色低碳转型的强大动力。在农业绿色低碳转型的过程中，需要充分发挥这些理论的作用，形成合力，推动农业绿色低碳发展的进程。

（一）生态学理论

在生态学的视角下，生态系统如同一个庞大的服务系统，为人类提供了不可或缺的生存资源。它不仅为人类提供食物、纤维、木材等生产服务，满足人类的基本生活需求，更在调节气候、净化环境、维护生物多样性等方面发挥着至关重要的作用。这些非生产服务虽然不直接产生经济效益，但对于维持生态平衡、保障人类健康以及促进可持续发展具有重要意义。农业绿色低碳转型正是基于这一理念，致力于保护和恢复生态系统的服务功能。通过减少化肥、农药的使用，改善农业管理等方式，确保农业生产的可持续性，实现人与自然和谐共生。

生态平衡是生态系统健康发展的重要标志，它依赖于生态系统各组分之间的相互制约和协调。农业绿色低碳转型通过减少化学物质的使用，保护土壤、水源和生物多样性，来维护生态系统的平衡与稳定。这一转型不仅有助于减少环境污染，还能提升土壤肥力，增加生物多样性，从而增强生态系统的自我修复能力和抵抗力，为农业的可持续发展奠定坚实基础。

（二）经济学理论

可持续发展理论的核心在于平衡经济发展与环境保护之间的关系，确保在满足当前人类需求的同时，不损害未来世代满足其需求的能力。农业作为国民经济的基础，其绿色低碳转型是实现农业可持续发展的重要途径。通过提高农业资源利用效率，减少环境污染，农业绿色低碳转型不仅有助于提升农业生产的效率和效益，还能为未来的农业发展预留更多资源和空间，确保农业的长期稳定发展。

绿色经济理论强调通过发展绿色产业、推广绿色技术、实施绿色政策等措施，实现经济增长与环境保护的双赢。在农业领域，绿色低碳转型是绿色经济的具体实践。通过推广精准农业、节水农业、生态农业等绿色农业技术，提高农业资源利用效率，减少化肥、农药的使用，农业绿色低碳转型不仅有助于提升农产品的质量，还能促进农业产业的转型升级，推动农业向更加环保、高效、可持续的方向发展。

（三）社会学理论

社会学认为，社会参与和多元共治是实现社会和谐与可持续发展的关键。在农业绿色低碳转型的过程中，政府、企业、农民和社会组织等多方力量需要共同参与和协作，形成合力推动农业绿色低碳发展。政府应发挥引导作用，制定相关政策和规划；企业应积极承担社会责任，推广绿色农业技术；农民应提高环保意识，积极参与农业绿色低碳转型；社会组织则应发挥监督作用，推动农业绿色低碳转型的顺利实施。

同时，社会学中的公平与正义是衡量社会发展的重要标准。农业绿色低碳转型不仅关注环境保护和经济发展，还注重保障农民的合法权益和建立利益分享机制。通过完善农业补贴政策、建立绿色农业标准体系等措施，农业绿色低碳转型可以确保农民在转型过程中获得公平的发展机会和合理的利益分享，从而激发农民参与农业绿色低碳转型的积极性，推动农业绿色低碳转型的顺利实施。

第五节　乡村数字化促进农业绿色低碳转型

农业农村数字化转型是顺应时代变革的必然趋势。[1]通过数字技术的广泛应用和推广，可以优化农业资源配置、提升农业生产智能化水平、促进农业绿色发展、提高乡村治理效率等。这不仅有力推动了农业绿色低碳转型，还为农业可持续发展提供了坚实保障。

一、数字技术优化农业资源配置

数字技术能够更高效地统筹配置农业生产要素，这是现代农业发展的重要趋势。传统的农业生产方式往往存在资源配置不合理、利用效率低等问题，而数字技术的引入为解决这些问题开辟了新路径。

通过数字技术在农业生产要素中的深度融合和广泛渗透，农业生产逐渐摆脱了传统模式的束缚，实现了从单一利用模式向绿色循环模式的转变。例如，在土地资源管理方面，数字技术发挥着巨大作用。通过对土地资源的精准监测和分析，数字技术能够优化土地资源配置，确保每一寸土地都能得到最合理地利用。同时，数字技术还能优化农机服务配置。智能化的农机调度系统能够实时掌握农机的工作状态和位置信息，从而更合理地安排农机作业任务。

二、数字技术提升农业生产智能化水平

数字技术能够显著提升农业生产的智能化水平，为现代农业注入新活力。传统的农业生产方式往往依赖于人工经验和直觉，而数字技术的引入

---

[1]　殷浩栋，霍鹏，汪三贵.农业农村数字化转型：现实表征、影响机理与推进策略 [J].改革，2020（12）：48-56.

则使农业生产过程变得更加科学、精准和高效。

通过物联网、大数据、人工智能等先进技术的应用，农业生产过程实现了智能化和精准化。物联网技术通过传感器等设备实时采集农业生产现场的数据，为管理者提供了丰富的信息支持。大数据技术对这些海量数据进行深度挖掘和分析，帮助管理者发现农业生产中的规律和趋势。而人工智能技术的应用，则进一步提升了农业生产的智能化水平，使农业生产过程更加自动化和智能化。

此外，数字技术还能推动农业技术的创新和发展，为农业生产带来全新的解决方案。在数字技术的加持下，农业技术的研发和应用变得更加高效和便捷，农产品的品质也得到了显著提升。例如，通过基因编辑技术培育出的抗病虫害、高产优质的作物品种，不仅提高了农产品的产量和品质，还减少了农药的使用量，为农业绿色低碳转型提供了有力支持。

三、数字技术促进农业绿色发展

在追求可持续发展的今天，数字技术正以其独特优势促进农业绿色发展。通过构建农业绿色发展体系，数字技术不仅推动了农业生产方式的绿色化和低碳化转型，还为农业可持续发展提供了强有力的技术支撑。

在农业生产过程中，化肥和农药的过量使用一直是导致环境污染和生态破坏的重要原因之一。而数字技术的应用为解决这一问题提供了新思路。通过精准施肥和智能病虫害防治系统的应用，数字技术实现了化肥和农药的减量增效使用。

同时，数字技术还能促进农业废弃物的资源化利用和循环经济的发展。传统的农业废弃物处理方式往往存在资源浪费和环境污染的问题，而数字技术的应用为废弃物的资源化利用提供了新途径。通过构建农业废弃物资源化利用的信息平台，数字技术能够实现对废弃物收集、运输、处理和再利用等环节的全程监控和管理，确保废弃物的资源化利用过程更加高效、环保和可持续。此外，数字技术还能推动农业循环经济的发展，促进农业资源的循环利用和生态价值的提升。

四、数字技术提高乡村治理效率

在乡村振兴战略的推动下，数字技术正以其强大能力成为提高乡村治理效率的重要驱动力。通过信息化手段，数字技术能够全面感知农村社会态势，畅通沟通渠道，辅助科学决策，使乡村治理变得更加精准和高效。

在乡村治安和应急管理方面，数字技术的应用尤为显著。智能监控系统的部署大幅提升了乡村地区的安全监控能力。通过高清摄像头和智能分析算法，乡村治安管理部门能够实时监控乡村地区的安全状况，及时发现并处理潜在的安全隐患。同时，大数据分析技术的应用也为乡村应急管理提供了有力支持。通过对历史数据的分析和挖掘，乡村应急管理部门能够预测和评估潜在的自然灾害、公共卫生事件等风险，制定更加科学合理的应急预案和措施，提高乡村地区的应急响应速度和处置能力。

除了治安和应急管理外，数字技术还能促进乡村文化的传承与发展。通过数字化手段，乡村的传统文化、民俗风情等得以记录和保存，为乡村文化的传承提供了宝贵资源。同时，数字技术还能推动乡村文化的创新和发展，为乡村文化注入新活力。

第二章　河南省农业绿色低碳发展现状

　　河南省在农业绿色低碳发展方面取得了一定进展，但仍面临诸多挑战。近年来，河南省积极探索生态农业、循环农业等发展模式，加强农业基础设施建设，然而化肥、农药污染和产业结构不合理等问题依然突出。为应对这些挑战，河南省需加快转变农业生产方式，降低碳排放，提高农民低碳意识，推动农业科技创新，促进低碳农业技术推广，以实现农业现代化和可持续发展。

第一节　河南省农业资源与农业环境概况

一、农业资源

　　河南省地处中国中部，全省总面积 16.7 万平方公里，占全国国土总面积的 1.73%。地势西高东低，北、西、南三面太行山、伏牛山、桐柏山、大别山沿省界呈半环形分布，中东部为黄淮海冲积平原，西南部为南阳盆地。平原和盆地、山地、丘陵分别占总面积的 55.7%、26.6%、17.7%。[①] 这种复杂多样的地形地貌为河南省的农业发展提供了得天独厚的条件。

　　平原地区地势平坦，土壤肥沃，土层深厚，有机质含量高，适宜大规

---

① 河南省人民政府 . 河南概况［EB/OL］.（2024-08-08）［2024-12-12］.https://www.henan.gov. cn/2024/08-08/3033664.html.

模机械化耕作和现代农业的发展。这里主要生产小麦、玉米、大豆、棉花、油料作物等大宗农产品，产量高且稳定，为河南省乃至全国的粮食安全和农业经济发展作出了重要贡献。同时，平原地区交通便利，便于农产品的运输和销售，进一步促进了农业生产的繁荣。

山地和丘陵地带具有独特的自然条件和资源优势，适宜发展特色农业。这里气候多变，光照充足，降水适中，为茶叶、中药材、水果、蔬菜等特色农产品的生长提供了优越的环境。山地和丘陵地区的农民通过发展特色农业，不仅提高了收入水平，还促进了农业产业结构的优化和升级。

河南大部分地处暖温带，南部跨亚热带，属于北亚热带向暖温带过渡的大陆性季风气候，四季分明，雨热同期。这种气候条件为河南省的农业生产提供了丰富的光热资源和降水条件，有利于农作物的生长和发育。春季气温回升快，日照充足，有利于农作物的播种和出苗；夏季气温高，降水充沛，是农作物生长的关键时期；秋季气温逐渐降低，但光照仍然充足，有利于农作物的成熟和收获；冬季气温较低，但降雪较少，对农业生产的影响相对较小。然而，河南省的降水分布不均，南部山区降水较多，北部平原降水较少，这对农业生产造成了一定的影响。

河南省地跨长江、淮河、黄河、海河四大流域，省内河流众多，为农业生产提供了丰富的水资源。黄河是河南省最重要的河流之一，流经多个市县，为沿黄地区的农业生产提供了充足的水源，同时黄河的泥沙也为沿黄地区的土壤提供了丰富的有机质和养分。尽管河南省水资源总量相对丰富，但人均水资源占有量较低，仅相当于全国平均水平的五分之一。此外，水资源地区分布不均，且存在季节性缺水问题，一些地区由于水资源短缺，农业生产受到严重影响。

河南省土壤类型多样，包括棕壤、褐土、潮土、砂姜黑土、水稻土等，为不同农作物的生长提供了适宜的土壤条件。棕壤和褐土主要分布在山地和丘陵地带，土壤肥沃且排水良好，适宜种植茶叶、中药材等特色农产品；潮土主要分布在平原地区，土壤肥沃且土层深厚，适宜种植小麦、玉米等大宗农产品；砂姜黑土主要分布在豫东地区，土壤质地疏松且透气性好，适宜种植花生等油料作物；水稻土主要分布在豫南地区，土壤肥沃且水源充足，适宜种植水稻等粮食作物。河南省的耕地面积广阔，占全国耕地面积的 6.21%，是我国重要的粮食和农畜产品生产基地。[①]

河南省植物种类丰富，兼有南北种类，包括许多珍稀濒危保护植物。这些植物资源为河南省的农业生产提供了多样的种质资源和生态屏障。河南省拥有丰富的农作物种质资源，包括小麦、玉米、大豆、棉花、油料作物等多种作物品种，这些品种具有不同的生长特性和适应性，为农业生产提供了更多的选择和可能性。同时，河南省还拥有丰富的中药材资源，如柴胡、丹参、金银花等，这些中药材具有独特的药用价值和市场前景。此外，河南省的森林资源和野生动植物资源也十分丰富，为生态环境保护和农业可持续发展提供了有力支撑。

河南省是全国重要的矿产资源大省，已发现的矿种多达 142 种。这些矿产资源为河南省的农业生产和工业发展提供了有力支撑。其中，煤、石油、天然气等能源矿产是河南省的重要矿产资源之一，为工业生产和农业生产提供了充足的能源保障。此外，河南省还拥有丰富的金属矿产和非金属矿产，如钼、金、铝、银等，这些矿产在农业生产中具有广泛的应用价值，如用于制造农具、化肥等农业生产资料。然而，矿产资源的开采和利用也对生态环境造成了一定的影响。

河南省还拥有丰富的农业劳动力资源。作为人口大省，河南省的人口基数庞大，其中农业人口占比较大，为农业生产提供了充足的劳动力保障。正因如此，河南省在粮食种植、果蔬栽培以及其他各类农产品的生产中，都能够保持高效稳定的产出。这些丰富的劳动力资源不仅支撑了河南省传统的农业生产模式，确保了粮食安全和农产品的稳定供应，还为现代农业的转型和升级提供了坚实的人才基础。随着农业科技的不断进步和农业生产方式的持续革新，河南省的农业劳动力正逐步从传统的体力劳动向技能型、知识型劳动转变，他们通过学习和掌握先进的农业技术和管理理念，为现代农业的发展注入了新的活力和动力。

---

① 刘战伟.河南省低碳农业发展的现状、问题及对策［J］.江苏农业科学，2014，42（2）：393-395.

二、农业环境

近年来，河南省高度重视农业环境保护工作，不断加大污染治理力度，推动农业环境质量持续改善。通过实施一系列生态环保政策和措施，河南省的农业环境质量得到了显著提升。以安阳市为例，该市在水资源保护、水污染防治和水生态改善方面取得了显著成效。安阳市通过加强水资源管理和保护，提高了水资源利用效率；同时，加强水污染防治和水生态修复工作，使水环境质量得到了明显改善。然而，随着工业化、城市化进程的加快以及人口的不断增长，河南省的农业环境仍然面临严峻挑战。一些地区因农业面源污染等问题，农业环境质量仍然较差。

农业面源污染是指农业生产过程中产生的污染物质，通过地表径流、土壤渗透等方式进入水体和土壤而造成的污染，这是河南省农业环境保护面临的重要问题之一。为了加强农业面源污染治理，河南省采取了一系列措施。一方面，加强对农药、化肥等农业投入品的管理和使用，通过推广测土配方施肥、病虫害绿色防控等技术措施，降低农药和化肥的使用量，减少农业污染物的排放。另一方面，加强农业废弃物的资源化利用和无害化处理，通过推广秸秆还田、畜禽粪便资源化利用等措施，提高农业废弃物的利用率和无害化处理率。

农村人居环境整治是改善农村生产生活条件、提高农民生活质量的重要举措。河南省积极开展农村人居环境整治工作，加强农村基础设施建设，改善农村生产生活条件。通过推进农村改厕、改水、改路等工程，河南省的农村环境卫生水平得到了显著提升。同时，加强农村垃圾和污水处理设施建设，减少农村环境污染。这些措施的实施不仅改善了农民的生活条件，也提高了农民的环保意识和生活质量。据统计，全省

91% 的县（市）实现了城乡环卫一体化治理，农村生活垃圾收运处置体系已初步建立。[①]

第二节　河南省农业绿色低碳发展的现状

一、绿色低碳农业发展措施

河南省在推进农业绿色低碳发展方面采取了多项有效措施，涵盖了农业基础设施建设、农业技术推广、农业废弃物资源化利用以及农业生态环境保护等多个领域。这些措施的实施，不仅增强了河南省农业的可持续发展能力，也为全国农业的绿色低碳发展提供了有益借鉴。

在农业基础设施建设方面，河南省注重提高农业灌溉效率，以减少水资源浪费。通过改进灌溉设施和推广节水灌溉技术，河南省在保障农业用水需求的同时，有效降低了灌溉过程中的水资源损耗。

为了减少化肥使用量，河南省积极推广测土配方施肥技术。这项技术通过科学检测土壤成分，为农户提供个性化的施肥方案，避免了盲目施肥造成的资源浪费和环境污染。2023 年，全省三大粮食作物肥料利用率较 2022 年提高 0.8 个百分点，化肥使用量连续 7 年下降[②]。

在农业废弃物资源化利用方面，河南省采取了一系列措施，提高了农业废弃物的综合利用率。例如，通过推广秸秆还田、畜禽粪便沼气化等技术，将农业废弃物转化为有价值的资源，不仅解决了废弃物处理难题，还为农业生产提供了新的能源和肥料来源。

河南省还加强了农业生态环境保护工作，严厉打击农业环境污染行为。通过建立健全农业环境监测体系，加强对农业污染源的监管和治理，河南省在保护农业生态环境方面取得了显著成效。

---

① 河南省农业农村厅资源利用处.河南省农业农村厅 2023 年生态环境保护工作情况［EB/OL］.（2024-03-06）［2024-12-12］.https://nynct.henan.gov.cn/2024/03-06/2957982.html.

② 河南省农业农村厅资源利用处.河南省农业农村厅 2023 年生态环境保护工作情况［EB/OL］.（2024-03-06）［2024-12-12］.https://nynct.henan.gov.cn/2024/03-06/2957982.html.

二、低碳技术使用情况

在低碳农业技术方面，河南省取得了显著进展。这些进展主要体现在测土配方施肥技术的广泛推广、高效节约型施药机械和精准施药技术的应用，以及农业废弃物资源化利用技术的推进上。

测土配方施肥技术的推广和应用，使河南省的化肥使用量得到了有效控制。这项技术通过科学测定土壤养分含量，根据作物需肥规律，制定个性化的施肥方案，从而减少化肥的过量使用，提高化肥利用率。

除了测土配方施肥技术，河南省还积极推进高效节约型施药机械和精准施药技术。这些技术通过优化施药方式和提高施药精度，降低了农药的使用量，减少了农药残留和环境污染。同时，精准施药技术还能够提高病虫害的防治效果，保障农作物的健康成长。

在农业废弃物资源化利用方面，河南省也取得了显著成效。例如，畜禽粪污资源化利用技术得到了广泛推广。这项技术通过将畜禽粪便转化为有机肥料或生物燃料，不仅解决了畜禽粪便污染问题，还为农业生产提供了可再生资源。此外，农作物秸秆综合利用技术也得到了有效应用，秸秆被用于生产纸张、生物质能源等，实现了秸秆的资源化利用，减少了秸秆焚烧带来的环境污染。

三、低碳农业成效评估及存在问题

尽管河南省在农业绿色低碳发展方面取得了显著进展，但仍面临一些问题。其中，化肥和农药的使用量过高是一个亟待解决的问题。长期以来，为了追求高产，农民往往过量使用化肥和农药，这不仅增加了农业生产成本，还对土壤和水体环境造成了严重污染。土壤中的化肥残留会导致土壤板结、肥力下降，而农药残留则可能通过食物链进入人体，对人体健康构成威胁。

农业废弃物的处理和资源化利用率也有待提高。河南省作为农业大省，每年产生的农业废弃物数量巨大，包括畜禽粪便、农作物秸秆等。这些废弃物如果得不到有效处理和利用，不仅会造成资源浪费，还可能对环境造成二次污染。

此外，部分农民对低碳农业的认知程度和参与积极性不高，也是制约低碳农业发展的一个重要因素。一些农民由于缺乏环保意识和相关知识，对低碳农业的重要性和必要性认识不足，导致他们在农业生产中难以主动采取低碳措施。同时，由于低碳农业技术的推广和应用需要一定的资金和技术支持，一些经济条件较差的农民难以承担相关费用，影响了他们的参与积极性。

第三节　河南省推进农业绿色低碳发展的现实意义

河南省推进农业绿色低碳发展，不仅是对环境挑战的积极应对，更是推动农业转型升级、助力乡村振兴、响应全球气候变化、促进生态文明建设和实现可持续发展的关键举措，具有重要的现实意义和深远的历史意义。

一、应对环境挑战，保障生态安全

河南省拥有广袤的农田和丰富的农业资源，是中国农业的重要基地之一。然而，随着工业化、城镇化的快速发展，农业生产活动对自然环境的影响日益显著，农业面源污染、土壤退化、水资源短缺等环境问题接踵而至，严重威胁着农业生态安全和可持续发展。

在河南省，化肥和农药的使用量巨大，而部分农民缺乏科学的施肥和用药知识，导致化肥和农药过量使用，造成土壤和水体的严重污染。农业面源污染不仅降低了农产品的品质，也破坏了生态平衡，影响了生物多样性和生态系统的稳定性。

土壤退化表现为土壤质量下降、肥力减弱。在河南省，长期过度耕作、不合理灌溉以及化肥农药的过度使用，导致土壤结构破坏、肥力下降，土壤中的有机质和微量元素流失严重。这不仅降低了土壤的肥力，也增加了农业生产的成本和风险。

水资源短缺是河南省面临的另一大环境问题。由于气候变化和不合理的水资源利用方式，河南省的水资源日益紧张。农业作为用水大户，其不合理的灌溉方式和用水效率低下，加剧了水资源短缺的问题，对人类生活和生态环境造成了严重影响。

面对这些严峻的环境挑战，推进农业绿色低碳发展成为河南省农业可持续发展的必然选择。通过减少化肥农药的使用、优化农业用水结构、推广有机耕作等措施，可以有效减轻农业生产对环境的压力，保护农业生态系统，确保粮食安全和生态安全。

二、促进农业转型升级，提升竞争力

农业绿色低碳发展不仅是应对环境问题的需要，更是推动农业转型升级、提升产业竞争力的重要途径。随着消费者对农产品品质和安全性要求的提高，以及全球市场对绿色有机农产品的需求增加，河南省农业必须加快转型升级，以提升产业竞争力。

通过引入现代科技手段，如智能农业、精准农业等，可以提高农业资源利用效率，减少资源浪费。智能农业利用物联网、大数据、人工智能等技术，对农业生产过程进行精准管理和控制，实现农业生产的智能化和自动化。精准农业则是以信息技术为支撑，根据空间变异，定位、定时、定量地实施一整套现代化农事操作与管理的系统，是信息技术与农业生产全面结合的一种新型农业模式。

发展绿色有机农产品可以满足市场对高品质农产品的需求。绿色有机农产品是指在生产过程中不使用化学合成的农药、化肥和转基因技术等，遵循自然规律和生态学原理，采用有机耕作方式生产的农产品。这些农产品不仅口感好、品质高，而且富含营养成分和微量元素，对人体健康有益。随着消费者对健康和环保意识的提高，绿色有机农产品的市场需求不断增加，成为农业发展的新热点。

通过农业绿色低碳发展，可以推动农业产业链的延伸和升级。农业产业链包括种植、养殖、加工、销售等多个环节，每个环节都有巨大的发展潜力。通过绿色低碳发展，可以促进农业产业链的延伸和升级，推动农业与二、三产业的融合发展，形成新的经济增长点。例如，可以发展农产品加工业，将农产品加工成附加值更高的食品或工业品；可以发展农业旅游业，利用农业资源和生态环境优势，吸引游客前来观光、休闲和度假；可以发展农村电商，利用互联网平台将农产品销往全国各地甚至全球市场。

三、助力乡村振兴战略，实现全面发展

农业绿色低碳发展是乡村振兴战略的重要组成部分。通过推进农业绿色低碳转型，可以带动农村经济结构的优化升级，促进农村一、二、三产业的融合发展，为农村提供更多就业机会，增加农民收入，缩小城乡差距。同时，绿色低碳农业的发展还能改善农村人居环境，提升农村生活品质，为乡村振兴提供坚实支撑。

农业绿色低碳发展有助于促进农村经济结构的优化升级。通过发展绿色有机农业、农产品加工业和农村电商等产业，可以推动农村产业结构的调整和升级，形成更加合理的产业布局和经济发展模式。

农业绿色低碳发展还促进了农村一、二、三产业的融合发展。通过发展农业旅游产业、农业文化产业等新兴产业，可以将农业与旅游、文化等产业紧密结合起来，形成多元化的产业体系，为农村经济发展注入新的活力。

农业绿色低碳发展有助于改善农村人居环境。通过加强农村环境整治和生态保护工作，可以改善农村的环境质量和生活条件。例如，可以加强农村污水处理和垃圾处理设施建设，提高农村生活污水和垃圾的处理能力；可以加强农村绿化和美化工作，提高农村的生态环境质量和景观效果；可以加强农村基础设施建设，提高农村的道路、水利、电力等基础设施的完善程度和便利性。

农业绿色低碳发展还有助于提升农村生活品质。通过发展绿色有机农业和农产品加工业等产业，可以为农民提供更多的优质农产品和食品选择；通过发展农业旅游业和文化产业等新兴产业，可以为农民提供更多的休闲娱乐和文化娱乐选择。这些都可以提高农民的生活质量和幸福感，促进农村社会的和谐稳定和繁荣发展。

四、响应全球气候变化倡议，展现大国担当

在全球气候变化的大背景下，农业作为温室气体排放的重要来源之一，其绿色低碳转型对全球应对气候变化具有举足轻重的作用。应对气候变化是全人类共同面对的严峻挑战，中国作为"人类命运共同体"这一理念的倡导者，切实主动作出减排承诺，积极贡献了中国力量。[①] 河南省作为中国的重要农业区域，积极推进农业绿色低碳发展，减少温室气体排放，这不仅是对国家承诺的积极响应，也是展现中国作为负责任大国在全球环境治理中积极担当的具体体现。

首先，农业是温室气体排放的重要源头。农业生产过程中使用的化肥、农药以及畜禽粪便等都会产生温室气体。此外，不合理的农业耕作和灌溉方式也会增加温室气体的排放。因此，推进农业绿色低碳发展是减少温室气体排放的有效途径。通过优化农业耕作和灌溉方式、减少化肥和农药的使用量等措施，可以显著降低农业生产的温室气体排放量。

其次，中国作为世界上最大的发展中国家和农业大国之一，在应对全球气候变化中发挥着关键作用。中国政府已承诺到2030年实现碳达峰、2060年实现碳中和的目标。作为中国的农业大省，河南省积极推进农业绿色低碳发展，减少温室气体排放，既是对国家承诺的积极践行，也是为全球应对气候变化做出积极贡献的具体行动。

再次，通过技术创新和模式创新，河南省可以为全球农业绿色低碳发

---

① 金书秦，林煜，牛坤玉. 以低碳带动农业绿色转型：中国农业碳排放特征及其减排路径 ［J］. 改革，2021（5）：29-37.

展提供可借鉴的经验和示范。河南省在农业绿色低碳发展中积极探索和创新，形成了许多具有地方特色的绿色低碳农业发展模式和技术体系。例如，河南省在有机耕作、精准农业、智能农业等方面取得了显著进展。这些模式和技术的推广和应用，不仅可以提高农业生产效率和资源利用效率，还能减少温室气体排放和环境污染。

最后，通过加强国际合作和交流，河南省可以与其他国家和地区携手共促全球农业绿色低碳发展。全球气候变化是全球性问题，需要各国共同应对和解决。河南省可以积极参与全球农业绿色低碳发展的国际合作和交流活动，分享经验成果，加强技术和人才交流，共同推动全球农业向绿色低碳方向迈进。

五、促进生态文明建设，实现可持续发展

农业绿色低碳发展是生态文明建设的重要内容，是实现经济社会可持续发展的基石。它不仅有利于当前社会的绿色发展，更为子孙后代留下了宝贵的生态财富，是实现中华民族永续发展的必然要求。这要求我们在追求经济发展的同时，更加注重生态环境的保护和资源的合理利用，走出一条生产发展、生活富裕、生态良好的文明发展道路。

首先，农业绿色低碳发展是生态文明建设的重要组成部分。生态文明建设是关系中华民族永续发展的根本大计。农业作为国民经济的基础产业和生态文明建设的重要领域，其绿色低碳发展对推动生态文明建设具有重大意义。通过优化农业产业结构、发展循环农业和生态农业等措施，可以减少农业生产对环境的污染和破坏，保护生态环境和生物多样性，促进农业与生态环境的协调发展。

其次，发展循环农业和生态农业是实现农业绿色低碳发展的关键路径。循环农业是一种将农业废弃物转化为资源的农业发展模式。通过发展循环农业，可以将农业废弃物如秸秆、畜禽粪便等转化为有机肥料和生物质能源等有价值资源，实现资源的循环利用和环境污染的减少。生态农业则遵循自然规律和生态学原理，通过减少化肥和农药的使用量，保护土壤和水

资源等生态环境要素。

再次，农业绿色低碳发展有利于保障粮食安全和促进农业可持续发展。粮食安全是国家安全的重要组成部分。通过优化农业产业结构和提高农业生产效率等措施，可以保障粮食的稳定供应和品质安全，为农业的可持续发展提供坚实的生态保障。

最后，农业绿色低碳发展有利于构建人与自然和谐共生的美好家园。人与自然和谐共生是生态文明建设的核心目标之一，强调在发展过程中必须尊重自然、顺应自然、保护自然，以实现经济社会可持续发展与自然生态系统平衡的和谐统一。通过积极推进农业绿色低碳发展，我们能够采取一系列有效措施减少农业生产活动对自然环境的干扰和破坏。在此基础上，农业绿色低碳发展有助于维护自然生态系统的完整性和稳定性。健康的生态系统能够提供清洁的空气、水源和肥沃的土地，是支撑人类社会生存和发展的基础。通过保护自然生态系统，我们不仅能够确保农产品的安全供给，还能促进生物多样性保护，为后代留下一个更加宜居、更加繁荣的地球家园。农业绿色低碳发展是实现人与自然和谐共生美好愿景的重要途径，它要求我们在农业生产中不断探索和实践更加环保、更加可持续的发展模式，共同守护好我们赖以生存的这颗蓝色星球。

第四节　河南省农业绿色低碳转型面临的主要问题

河南省农业绿色低碳转型面临的主要问题包括资源环境压力增大、农业产业结构不合理、农业科技水平不高、农民环保意识薄弱以及政策体系和市场机制不完善等。这些问题亟须得到高度重视和有效解决，以推动河南省农业绿色低碳转型的顺利进行。

一、资源环境压力增大

河南省农业发展历史悠久，为国家粮食安全作出了巨大贡献。然而，长期的高强度耕作模式和化肥农药的过量使用，已对当地农业生态环境造成了严重影响，土壤退化、水资源污染和生物多样性减少等问题日益突出，成为制约河南省农业可持续发展的重要因素。

土壤退化主要表现为土壤肥力下降、结构破坏和盐碱化等。长期的高强度耕作和不合理的土地利用方式，导致土壤有机质含量减少，土壤结构松散，保水保肥能力下降，既影响了农作物的正常生长，又降低了土地的产出能力和农业生产的可持续性。同时，化肥和农药的过量使用，虽在一定程度上提高了农作物产量，却严重污染了土壤，加剧了土壤退化。

水资源污染问题同样严重。河南省农业用水主要依赖地下水和地表水，但随着农业生产的不断扩大和化肥农药的广泛使用，大量农业污染物被排入水体，导致水质恶化，不仅影响了农业灌溉用水质量，还威胁到饮用水安全和生态系统健康。此外，农业废弃物处理不当也是导致水资源污染的重要原因，废弃物的随意堆放和排放，不仅占用土地资源，还通过雨水径流和渗透等方式污染水体。

生物多样性减少也是河南省农业资源环境面临的严峻挑战。由于高强度耕作和单一种植结构，许多野生植物和动物失去生存空间和食物来源，导致生物多样性下降，既破坏了生态系统的平衡和稳定，又降低了农业生态系统的自我调节能力和抵抗力。

二、农业产业结构不合理

河南省农业产业结构长期呈现出相对单一且传统的特征，主要以粮食为主，传统农业所占比重过高，现代特色农业所占比重偏低。[①] 这种产业结

---

① 刘战伟.河南省低碳农业发展的现状、问题及对策 [J].江苏农业科学，2014，42（2）：393-395.

构虽在一定程度上保障了国家粮食安全，但也暴露出诸多问题，尤其是与当前市场对高品质、多样化农产品的需求以及农业绿色低碳转型的目标相比，问题尤为突出。

农业产业结构的单一性导致农业资源利用效率低下。在河南省广大农村地区，农民往往习惯于传统耕作方式，种植结构相对固定，缺乏科学的种植规划和轮作制度，不仅容易造成土壤养分失衡和病虫害累积，还使得农业资源得不到充分利用和高效产出。同时，由于种植结构单一，农民在面临市场波动时往往缺乏足够的应对能力，导致收入不稳定，农业生产可持续性受到威胁。

农产品附加值不高也是农业产业结构不合理的一个显著表现。河南省农产品以初级加工为主，深加工和高附加值产品相对较少，导致农产品在市场上竞争力不足，难以满足消费者对高品质、多样化农产品的需求。同时，农产品附加值不高也限制了农民收入增长，使得农业生产效益难以充分发挥。

此外，不合理的产业结构还加剧了农业资源浪费和环境污染。在河南省一些地区，农民为了追求短期经济利益，往往过量使用化肥和农药，不仅浪费了宝贵的农业资源，还导致了土壤和水资源污染。同时，农业废弃物的处理也成为一个亟待解决的问题。由于缺乏科学的废弃物处理技术和有效的管理机制，大量农业废弃物被随意丢弃或焚烧，不仅占用土地资源，还造成了严重的空气污染和土壤污染。

更为严重的是，这种不合理的产业结构已阻碍了农业绿色低碳转型的进程。农业绿色低碳转型要求农业生产方式从高投入、高消耗、高排放的传统模式向低投入、低消耗、低排放的绿色模式转变。然而，在河南省当前的农业产业结构下，这种转变面临巨大的挑战。一方面，传统的种植方式和耕作习惯难以在短期内得到根本改变；另一方面，缺乏高效、生态、循环的农业发展模式和技术支撑，使得农业绿色低碳转型的进程步履维艰。

三、农业科技水平有待提升

尽管河南省在农业科技领域已经取得了一系列显著进展，包括新品种的选育、病虫害的绿色防控、农业机械化水平的提升等，但从整体上看，河南省的农业科技水平仍然有待提升，特别是在农业绿色低碳技术方面，与国内外先进水平相比还存在较大差距。这种科技水平的不足，不仅限制了农业生产效率的提升，也严重制约了农业绿色低碳转型的进程。

在农业绿色低碳技术方面，河南省缺乏具有自主知识产权的核心技术和创新成果。尽管近年来国家和地方政府加大了对农业科技研发的投入，但针对农业绿色低碳技术的研发仍然相对薄弱，缺乏系统性和前瞻性的规划。这导致在农业绿色低碳转型过程中，缺乏先进、高效、实用的技术支撑，难以有效应对资源环境压力。

同时，农业科技成果的转化和推广也面临诸多瓶颈。一方面，农业科技成果的转化机制不健全，科研成果与市场需求之间存在脱节，导致许多具有潜力的科技成果无法及时转化为实际生产力。另一方面，农业科技成果的推广体系不完善，缺乏有效的推广渠道和机制，使得农业科技成果的转化率不高，难以在广大农村地区得到广泛应用。

此外，农业科技人才的短缺也是制约河南省农业科技水平提升的重要因素。随着农业科技的快速发展，对农业科技人才的需求日益增加。然而，目前河南省的农业科技人才队伍建设仍存在诸多问题，如人才结构不合理、高层次人才匮乏、人才激励机制不完善等。这些问题既导致农业科技人才难以充分发挥其作用，也限制了农业科技的创新和发展。

四、农民环保意识有待提升

农民作为农业生产的直接参与者和实践者，其环保意识的高低直接影响着农业绿色低碳转型的成效。在河南省这一农业大省，尽管政府和社会各界都在积极推动农业绿色低碳转型，但部分农民的环保意识仍然有待提升，这已成为制约转型进程的一大障碍。

农民环保意识方面的问题主要体现在对农业绿色低碳转型的认识和重视程度不够。在长期的农业生产实践中，许多农民习惯了传统的耕作方式和化肥农药的过量使用。他们往往认为，只有依靠大量的化肥和农药才能保证农作物的产量和品质，却忽视了这些化学物质对土壤、水源和生物多样性的潜在危害。这种观念的形成，既与农民自身的知识水平有限有关，也与外界信息闭塞和宣传教育不足有关。因此，在推动农业绿色低碳转型的过程中，提高农民的环保意识，转变他们的生产观念，显得尤为重要。

五、政策体系和市场机制有待完善

农业绿色低碳转型是推进农业现代化、实现可持续发展的重要途径。然而，这一转型过程并非一蹴而就，需要完善的政策体系和市场机制来引导和保障。在河南省这一农业大省，尽管政府已经采取了一系列措施推动农业绿色低碳转型，但目前的政策体系和市场机制仍存在不完善之处，成为制约农业转型进程的关键因素。

政策体系的不完善主要体现在缺乏明确的政策导向和有效的激励措施。农业绿色低碳转型涉及多个方面，包括农业生产方式的转变、农业投入品的绿色化、农业废弃物的资源化利用等。然而，目前河南省在这些方面的政策导向仍然不够明确，缺乏具体的实施细则和有效的激励措施。这使得农民和企业难以准确把握政策方向，缺乏参与农业绿色低碳转型的积极性和动力。同时，由于政策执行力度不够，一些已经出台的政策措施也未能得到有效落实，进一步影响了农业绿色低碳转型的推进速度。

市场机制的不健全直接导致农业绿色低碳产品和服务难以获得合理的市场回报。在市场经济条件下，农业绿色低碳产品和服务的价值应该通过市场机制得到充分体现。然而，目前河南省的市场机制仍然存在诸多缺陷，如信息不对称、价格机制不合理、市场竞争不充分等。这些缺陷使得农业绿色低碳产品和服务在市场上的竞争力不足，难以获得合理的价格和市场认可。

此外，政策体系和市场机制的不完善还导致了农业绿色低碳转型过程中的资源配置效率低下。由于缺乏有效的政策引导和市场机制，农业资源在绿色低碳转型过程中的配置往往不够合理和高效。一些有利于农业绿色低碳转型的资源无法得到充分利用，而一些不利于转型的资源却仍然被大量使用。这不仅造成了资源的浪费和环境的污染，也严重阻碍了农业绿色低碳转型的顺利进行。

第三章 河南省农业绿色低碳转型的路径分析

突破传统农业发展困境，推动农业绿色低碳转型是我国农业高质量发展的必由之路。[①]河南省农业绿色低碳转型的路径涵盖优化农业产业结构与布局、推广绿色低碳农业技术、农产品流通的数字化改革、农村金融服务的数字化创新，以及区块链技术在农产品追溯中的应用等多个层面。这些路径的实施将有力推动河南省农业向绿色低碳、高效可持续的方向发展。在此过程中，需要政府、企业、科研机构及社会各界齐心协力，共同推动农业绿色低碳转型的深入进行。同时，还应加强对农业绿色低碳转型的宣传与推广，提升全社会的认知度和参与度，携手促进河南省农业的绿色发展和可持续发展。

第一节 优化农业产业结构与布局

在推进农业绿色低碳转型的过程中，河南省应坚持以粮食生产为核心，同时积极发展特色农业。特色农业的发展不仅有助于河南省农业经济的多元化，还能带动当地农民增收致富，促进农村经济的繁荣与发展。构建生态友好的耕作制度是河南省农业可持续发展的必然选择，而农民将成为生态农业的积极参与者和受益者，共同绘就农业强、农村美、农民富的美好图景。

---

① 黄晓慧，聂凤英.数字化驱动农户农业绿色低碳转型的机制研究［J］.西北农林科技大学学报（社会科学版），2023（1）：30-37.

一、坚持以粮食生产为核心

河南省一直以来都是国家粮食安全的重要基石。这片广袤的土地不仅孕育了丰富的农作物种类，更承载着保障国家粮食安全的历史使命。在推进农业绿色低碳转型的过程中，确保粮食生产的稳定与安全无疑是河南省农业发展的首要任务。这一任务的完成，不仅关系到河南省自身的农业可持续发展，更直接影响到国家粮食安全和社会的稳定大局。

河南省应继续加强以玉米、优质小麦为主的粮食生产加工产业基地建设，这是确保粮食生产稳定与安全的坚实基础。通过优化种植结构，合理布局各类粮食作物的种植面积，既能满足不同市场需求，又能有效应对自然灾害等不确定因素带来的风险。在玉米和小麦的种植上，应注重品种的优化选择，推广高产、抗逆性强的优良品种，提高单产水平，确保粮食总产量的稳定增长。

同时，完善粮食储备和流通体系是保障粮食安全的另一道重要防线。河南省应建立健全粮食储备机制，确保在粮食丰收年份有足够的仓容进行储存，在歉收年份能够及时调拨，平衡市场供需，稳定粮食价格。此外，还应加强粮食流通体系的建设，包括提升粮食收购、储存、运输、加工和销售等各个环节的效率和安全性，减少粮食在流通过程中的损耗，提高粮食资源的利用效率。

二、推进特色农业发展

河南省，作为中国的农业大省，不仅在国家粮食安全战略中发挥着举足轻重的作用，其丰富的农业资源和多样的地域特色也为特色农业的发展提供了广阔天地。在新时代背景下，河南省应紧扣市场需求和地域特色，大力发展特色农业。这不仅有助于构建契合市场需求的品种结构，提升农业经济的整体效益，更能带动当地农民增收致富，促进农村经济的多元化发展，为乡村振兴战略的实施注入新活力。

（一）河南省特色农业

在农业现代化的进程中，特色农业以其独特的魅力崭露头角，成为推动农业经济发展、促进农民增收的重要驱动力。特色农业不仅依托地域的自然资源和传统优势，更需紧密贴合市场需求，通过科技创新和产业升级，实现农产品的高品质、高附加值发展。本部分将深入剖析河南省在特色农业发展方面的实践，以洛阳牡丹、鄢陵花卉、中牟大蒜、开封菊花等为例，探讨市场需求与地域优势如何有机融合，共同助推河南省特色农业的蓬勃发展。

1.洛阳牡丹

洛阳牡丹，被誉为"花中之王"，以其雍容华贵、色彩斑斓而深受国内外消费者的喜爱。洛阳牡丹历史悠久，文化底蕴深厚，自古便是文人墨客笔下的常客。依托这一得天独厚的优势，河南省可进一步发展牡丹产业，不仅限于观赏，还可开发一系列牡丹衍生品，延长产业链，提升附加值。洛阳牡丹文化节已成为国内外知名的旅游品牌，每年吸引大量游客前来观赏。通过举办牡丹文化节、牡丹摄影展、牡丹书画展等活动，不仅提升了洛阳的国际知名度，还促进了当地旅游业的发展。牡丹籽油、牡丹茶、牡丹化妆品等系列产品已成为牡丹产业的新亮点。牡丹籽油富含不饱和脂肪酸，营养价值极高；牡丹茶清香宜人，具有保健功效；牡丹化妆品则利用牡丹的天然成分，为消费者提供健康、天然的护肤选择。这些产品的开发，不仅丰富了牡丹产业的内涵，还提高了农产品的附加值，同时带动了园艺设计、花卉种植、食品加工等相关产业的发展，形成了完整的产业链。通过优化产业结构，提高产业融合度，牡丹产业已成为推动当地经济发展的重要引擎。

2.鄢陵花卉

鄢陵花卉以其品种繁多、品质优良而著称，是河南省花卉产业的佼佼者。鄢陵地处中原腹地，气候适宜，土壤肥沃，为花卉产业的发展提供了得天独厚的条件。鄢陵花卉产业的发展不仅满足了市场对高品质花卉的需求，还带动了周边地区的花卉种植和园艺景观设计，形成了集生产、销售、观光于一体的花卉产业集群。鄢陵花卉产业注重品种的引进和优化，通过引进国内外优质花卉品种，提高花卉的观赏性和市场竞争力。同时，加强技术创新，提升花卉的种植技术和病虫害防治能力，确保花卉的品质和产量。此外，鄢陵花卉产业还注重品牌的建设和市场拓展，通过打造知名品牌，提高产品的知名度和美誉度，并积极开拓国内外市场，加强与国内外花卉企业的合作与交流，推动花卉产业的国际化发展。鄢陵花卉产业的发展还带动了观光旅游的发展，通过建设花卉主题公园、花卉观光园等，吸引游客前来观赏和体验，同时与餐饮、住宿、购物等产业相结合，形成了产业融合发展的新格局。

3. 中牟大蒜

中牟大蒜以其皮薄瓣大、味道纯正而享誉全国，是中牟县的传统优势农产品。中牟大蒜种植历史悠久，积累了丰富的种植经验和技术。通过优化种植结构、提高种植技术，中牟大蒜的产量和品质不断提升，成为农民增收的重要来源。中牟大蒜产业注重种植技术的优化和创新，通过引进先进的种植技术和设备，提高大蒜的产量和品质，并加强病虫害防治和土壤管理，确保大蒜的健康生长。同时，中牟大蒜产业不仅注重鲜蒜的销售，还积极发展大蒜深加工产业，通过开发蒜片、蒜粉、蒜油等系列产品，提高大蒜的附加值和市场竞争力，并与食品加工企业加强合作与交流，推动大蒜深加工产业的快速发展。此外，中牟大蒜产业还注重市场拓展和品牌建设，通过加强市场调研和分析，了解消费者需求和市场趋势，并积极打造知名品牌，提高产品的知名度和美誉度，为大蒜产业的发展提供有力支撑。

4. 开封菊花

开封菊花以其种类繁多、观赏性强而著称，与开封的古城文化相得益彰。开封菊花产业的发展不仅促进了当地旅游业的发展，还带动了菊花茶、菊花精油等产品的开发，为农民增收开辟了新的途径。开封菊花产业注重文化传承与旅游开发的结合，通过举办菊花文化节、菊花展等活动，展示开封菊花的独特魅力，并加强旅游基础设施的建设和完善，提高旅游服务质量，吸引更多游客前来观赏和体验。同时，开封菊花产业还注重菊花衍生品的开发和创新，通过开发菊花茶、菊花精油等系列产品，提高菊花的附加值和市场竞争力，满足消费者的健康需求，并为农民增收提供新的途径。此外，开封菊花产业的发展还带动了相关产业的协同发展，如园艺设计、花卉种植、食品加工等，通过加强产业间的合作与交流，形成产业融合发展的新格局，推动开封菊花产业的持续健康发展。

5. 金顶谢花酥梨

在河南省宁陵县这片肥沃的土地上，孕育着一种被誉为"果宗"的特色水果——金顶谢花酥梨。这种梨名字雅致，以其独特的品质和风味赢得了无数食客的心。金顶谢花酥梨之所以得名，是因为其果实顶部呈金黄色，宛如一顶璀璨的小帽，加之花开时节满树繁花似锦，花落后果实逐渐成熟，故得此雅称。其果实硕大饱满，皮薄肉厚，汁多味甜，酥脆可口，每一口都是对味蕾的极致诱惑。

金顶谢花酥梨的种植历史悠久，早在明清时期就已名扬四海，成为皇室贡品。宁陵县四季分明，光照充足，土壤肥沃且富含多种微量元素，为金顶谢花酥梨的生长提供了最适宜的环境。每当金秋时节，漫山遍野的金顶谢花酥梨挂满枝头，不仅为当地带来了丰收的喜悦，也成了吸引游客的一大亮点。金顶谢花酥梨不仅美味可口，还富含多种维生素和矿物质，具有清热润肺、止咳化痰的功效，是秋季养生的佳品。近年来，随着电商平台的兴起，金顶谢花酥梨更是走出河南，销往全国乃至世界各地，成为一张亮丽的农产品名片，让更多人品尝到了这份来自中原大地的自然馈赠。

6. 河阴石榴

河阴石榴产于河南省荥阳市的河阴地区，这里地理位置优越，气候温和，雨量适中，土壤肥沃，为石榴的生长提供了得天独厚的条件。河阴石榴以其色泽艳丽、籽粒饱满、汁多味甜而著称。河阴石榴的栽培历史可追溯至汉代，历经千年传承，早已融入了河阴乃至河南的文化之中。据史书记载，河阴石榴曾是皇室御用贡品，其地位显赫。河阴石榴不仅外观诱人，更富含多种维生素C、多酚类物质等营养成分，具有美容养颜、抗氧化、增强免疫力的功效。每年金秋九月，是河阴石榴成熟的季节。此时，走进河阴石榴园，只见棵棵石榴树挂满硕果，红彤彤的石榴如同一个个小灯笼，映照着果农的笑脸。采摘下来的石榴经过精心挑选和包装，被送往全国各地，成为节日里馈赠亲友的佳品。河阴石榴不仅承载着丰收的喜悦，更寄托了人民对美好生活的向往和追求。

7.灵宝苹果

在河南省西部的灵宝市，有一种水果因其含糖量高、耐贮运、易于加工的特点而享誉海内外，它就是灵宝苹果。灵宝市地处黄土高原东部边缘，海拔适中，光照充足，昼夜温差大，土壤肥沃且富含矿物质，为苹果的生长提供了得天独厚的自然条件。灵宝苹果以色泽鲜艳、果形端正、果肉细腻、汁多味甜而著称，每一口都让人回味无穷。尤其是灵宝的红富士苹果，更是凭借其卓越的品质赢得了国内外市场的广泛赞誉。灵宝苹果的种植历史悠久，早在20世纪六七十年代就已开始规模化种植。经过数十年的发展，灵宝苹果产业已形成了集种植、贮藏、加工、销售于一体的完整产业链。当地果农通过引进新品种、改良种植技术、加强病虫害防治等举措，不断提升苹果的品质和产量。同时，政府也大力扶持苹果产业的发展，通过举办苹果文化节、苹果博览会等活动，提高了灵宝苹果的知名度和影响力。如今，灵宝苹果已远销至东南亚、欧洲、北美等多个国家和地区，成为中国苹果出口的重要基地之一。灵宝苹果不仅为当地果农带来了可观的经济收益，也成了推动地方经济发展、促进农民增收的重要支柱。

8.信阳毛尖

在河南省的信阳市，有一种茶叶因其悠久的历史、上乘的品质和独特的韵味而享誉中外，它就是信阳毛尖。信阳毛尖是中国十大名茶之一，也是河南省的特色茶叶代表。其外形细秀匀直，色泽翠绿，白毫显露，冲泡后香气高长，滋味鲜爽回甘，汤色清澈明亮，叶底嫩绿匀整，每一口都令人陶醉。信阳毛尖的种植历史悠久，早在唐代就已闻名遐迩。信阳市地处大别山北麓，这里山清水秀，云雾缭绕，气候温和，雨量充沛，土壤肥沃且富含多种矿物质。当地茶农世代传承的手工采摘和炒制技艺，更是确保了信阳毛尖的独特品质和韵味。信阳毛尖的采摘时间极为讲究，一般在每年的清明前后开始，此时的茶叶最为鲜嫩，品质最佳。采摘下来的茶叶经过摊青、杀青、揉捻、理条、烘干等多道工序精制而成。每一道工序都需要茶农们精心操作，稍有疏忽就会影响茶叶的品质。因此，信阳毛尖的制作过程不仅是一种技艺的传承，更是一种对自然的敬畏和对品质的追求。信阳毛尖不仅具有极高的饮用价值，还富含茶多酚、氨基酸、维生素等多种营养成分和生物活性物质，具有抗氧化、抗炎等多种健康功效，对人体健康具有显著的促进作用。因此，信阳毛尖不仅成为人们日常饮用的佳品，也成了馈赠亲友的珍贵礼物。

9.温县铁棍山药

在河南省焦作市温县，有一种中药材以其独特的品质和药用价值而著称，它就是温县铁棍山药。温县铁棍山药是一种多年生草本植物，其根茎呈圆柱形，表面黄白色或淡黄色，有纵皱纹和须根痕。其肉质细嫩、口感滑润、味道甘甜，既是一种营养丰富的食品，又是一种具有滋补功效的中药材。温县铁棍山药富含淀粉、蛋白质、氨基酸、维生素等多种营养成分和生物活性物质，具有健脾养胃、润肺止咳、美容养颜等多种功效。因此，它成为人们日常饮食和中医临床上的重要滋补品。近年来，随着人们对健康生活的追求和对中医药的认可度不断提高，温县铁棍山药的市场需求也在持续增长。当地政府也加大了对铁棍山药产业的扶持力度，通过推广标准化种植技术、加强市场监管、开发铁棍山药系列产品等措施，促进了铁棍山药产业的健康发展。

（二）品牌建设与市场推广

在推进特色农业发展的过程中，品牌建设和市场推广是提升特色农产品知名度和美誉度的关键。通过有效的品牌建设和市场推广策略，不仅可以增强消费者对特色农产品的认知和信任，还能提高产品的附加值和市场竞争力，为农业生产者带来更高的经济收益。河南省作为特色农产品资源丰富的省份，更应加强对特色农产品的品牌策划和包装设计，打造一批具有市场竞争力的知名品牌，并通过有效的市场推广策略，将这些优质产品推向更广阔的市场。

1.品牌建设基础

品牌建设是提升特色农产品市场竞争力的基础。河南省应深入挖掘特色农产品的地域特色和文化内涵，通过独特的品牌故事、产品理念和视觉形象，打造具有鲜明个性和差异化的品牌形象。

以洛阳牡丹为例，通过讲述洛阳牡丹作为"花中之王"的悠久历史与文人墨客留下的美丽传说，构建独特的品牌故事。同时，强调洛阳牡丹不仅是大自然的瑰宝，更是中国传统文化与艺术的象征，传递出"尊贵、典雅、自然"的产品理念。在视觉形象设计上，可以融合传统与现代元素，采用牡丹花瓣的柔美线条与鲜艳色彩，结合中国传统图案与现代简约风格，打造出既具有文化底蕴又不失时尚感的品牌形象。

以信阳毛尖为例，品牌故事可以围绕信阳毛尖的悠久历史、精湛的采摘与制作工艺，以及它在古代作为皇家贡品的尊贵地位来构建，讲述每一片茶叶背后的匠心与传承。产品理念上，信阳毛尖应强调其"绿色、健康、自然"的特质，突出其富含的茶多酚、氨基酸等对人体有益的成分，以及独特的鲜爽口感和清新香气。在视觉形象设计上，可以融合信阳的山水风光与茶文化元素，采用清新的绿色调，配以传统的茶具、茶叶图案以及现代简约的设计风格，打造出既具有地域特色又不失时尚感的品牌形象。

以温县铁棍山药为例，品牌故事可以聚焦于温县铁棍山药的悠久种植历史，讲述它是如何代代相传，成为当地农民引以为傲的"黄金棒"。可以提及古代医书对它的记载，以及它在中医食疗中的重要地位，展示其深厚的历史文化底蕴。产品理念上，温县铁棍山药应强调其"自然、健康、滋补"的特性，突出其富含的多种氨基酸、微量元素和膳食纤维，以及独特的口感和食疗效果。在视觉形象设计上，可以运用温县铁棍山药的真实照片，结合传统的农耕元素和现代简约风格，打造出既真实又富有设计感的品牌形象。同时，可以采用温暖的色调，如土黄色或浅棕色，来体现产品的自然属性和滋补特性。

2.品牌策划与包装设计

在品牌策划和包装设计方面，河南省应注重创新和个性化，结合现代审美和消费者需求，设计符合市场潮流的包装和广告，提高产品的吸引力和竞争力。

以河南原阳大米为例，在品牌策划上，原阳大米以"天赐好米，原阳之选"为品牌口号，突出其得天独厚的黄河滩区地理环境，以及纯净无污染的灌溉水源，传递出健康、天然的品牌形象。在包装设计上，原阳大米结合了现代审美与传统文化，采用简洁大气的设计风格，以绿色为主色调，象征着自然与生机。同时，在包装上巧妙融入了稻穗、稻田等自然元素，以及河南特色的文化符号，如中原地区的传统图案，既展现了产品的地域特色，又符合现代消费者的审美需求。为了更好地满足现代消费者的需求，原阳大米的包装设计还注重了实用性与便捷性，提供多样包装尺寸，既适合家庭日常食用，也方便携带，满足不同场景下的消费需求。同时，包装上明确标注了产品的营养成分、食用建议以及储存方法，为消费者提供了全面的产品信息。

以灵宝苹果为例，灵宝苹果以其独特的地理位置和气候条件，孕育出皮薄肉脆、汁多味甜的优质果品。在品牌策划上，灵宝苹果深入挖掘了"苹果之乡"的历史渊源，将这一地域特色融入品牌故事中，讲述从古老果园到现代果园的传承与发展。在包装设计上，灵宝苹果采用了现代简约风格，以清新的绿色和明亮的红色为主色调，象征着自然与活力。包装上不仅印有产品的基本信息，还巧妙地融入了灵宝的地标性建筑或风景图案，如灵宝大峡谷、函谷关等，既展现了地域特色，又增加了包装的观赏性和收藏价值。针对年轻消费群体，灵宝苹果推出了限量版礼盒装，采用时尚的插画设计，将苹果与动漫、游戏等流行元素相结合，吸引了大量年轻消费者的关注。同时，为了满足消费者对健康饮食的需求，灵宝苹果在包装上明确标注了产品的营养成分和食用建议，如富含维生素C、适合早餐食用等，为消费者提供了更加贴心的服务。

3.品牌宣传与推广

另外，加强品牌宣传和推广，通过广告、公关、促销等多种手段，提高品牌的知名度和美誉度，为河南省特色农产品的市场推广打下坚实基础。

以河南新郑大枣为例，为了提升新郑大枣的品牌影响力和市场份额，品牌方采取了一系列全面而富有创意的宣传和推广策略。在广告方面，新郑大枣品牌充分利用电视、网络、社交媒体等多元化的传播平台，通过精美的画面和生动的文案，展示新郑大枣的优质产地、独特口感以及丰富的营养价值，提升了消费者对产品的认知度，激发了购买欲望。在公关方面，品牌方积极组织并参与各类农产品博览会、食品文化节等活动，通过现场展示、品鉴会等形式，与消费者进行面对面的互动交流。同时，品牌方还与媒体建立了良好的合作关系，通过新闻报道、专题采访等方式，传播新郑大枣的品牌故事和企业文化，进一步提升了品牌的知名度和美誉度。在促销方面，品牌方推出了多种优惠活动，如限时折扣、买赠活动、会员积分等，吸引了大量消费者的关注和参与，提高了产品销量，增强了消费者对品牌的忠诚度。

4.市场推广策略

市场推广是提升特色农产品市场占有率的重要手段。河南省应充分利用线上线下相结合的方式，加强市场推广力度，拓宽销售渠道，提高特色农产品的市场占有率。

在线上方面，河南省可以积极利用电商平台、社交媒体等新媒体工具，开展网络营销和品牌推广。通过开设网店、直播带货、社交媒体营销等方式，将特色农产品推向更广阔的市场。同时，加强与电商平台的合作，利用平台的流量和用户资源，提高产品的曝光度和销售量。

以河南开封花生为例，开封花生品牌在天猫、京东、拼多多等主流电商平台上开设了官方网店，为消费者提供了便捷的在线购买渠道。网店内产品展示清晰，价格透明，且提供了多种规格和包装选择，满足了不同消费者的需求。品牌方紧跟直播带货潮流，邀请知名网红和带货主播进行直播推广，详细介绍了开封花生的独特口感、营养价值以及背后的故事，吸引了大量观众的关注和购买，提高了产品曝光度，实现了销量的快速增长。同时，开封花生品牌充分利用社交媒体进行营销，在微博、微信公众号、抖音等平台上定期发布关于花生种植、收获、加工等方面的内容，与消费者分享花生的故事和知识，增强了消费者对品牌的认同感和归属感。品牌方还通过社交媒体与消费者进行互动，及时回应消费者的疑问和反馈，提升了品牌的口碑和美誉度。此外，开封花生品牌加强与电商平台的合作，利用平台的流量和用户资源，进行精准投放和联合营销，获得了更多的曝光机会和销售渠道，进一步提高了产品的销售量。

在线下方面，河南省可以积极参与国内外农产品博览会、交易会等活动，展示特色农产品的独特魅力，加强与国内外市场的交流与合作。通过参加展会、举办品鉴会、开展促销活动等方式，提高特色农产品的知名度，吸引更多消费者关注和购买。

以河南西峡猕猴桃为例，河南西峡猕猴桃品牌积极亮相于国内外各大农产品博览会和交易会，如中国（北京）国际农产品交易会、中国绿色食品博览会等。在这些展会中，西峡猕猴桃以其独特的品种优势、卓越的品质和丰富的营养价值，吸引了众多国内外采购商和消费者的目光。品牌方不仅展示了精美的产品包装和多样化的产品系列，还通过现场品鉴会的形式，让消费者亲自品尝到猕猴桃的鲜美口感，进一步加深了对产品的认知和喜爱。同时，品牌方积极与国内外采购商进行洽谈合作，寻求更广阔的市场空间和合作机会。这些线下活动不仅提高了西峡猕猴桃品牌的知名度和美誉度，还成功地将产品推向了更广阔的市场，为河南特色农产品的市场推广打下了坚实基础。

（三）技术支持与政策扶持

特色农业的发展不仅依赖于丰富的自然资源和深厚的文化底蕴，更离不开技术支持和政策扶持的双重驱动。河南省作为中国重要的农业生产基地，拥有丰富的特色农产品资源。为了进一步提升这些特色农产品的市场竞争力和附加值，河南省必须加强特色农业的技术研发和推广，并出台一系列优惠政策，为特色农业的发展提供坚实保障。

在特色农业的发展过程中，技术支持是提升农产品品质、增加附加值的关键。河南省应加大对特色农业技术的研发投入，鼓励科研机构和企业开展新品种选育、病虫害绿色防控、高效栽培技术等研究，以提高特色农产品的产量和品质。同时，通过引进国内外先进的农业技术和设备，提升特色农业的生产效率。

此外，河南省还应加强对农民的技术培训，提高他们的科学种植和合理管理能力。可以组织专家团队深入田间地头，为农民提供面对面的技术指导，帮助他们掌握先进的种植技术和管理方法。同时，开展形式多样的技术培训活动，如培训班、现场示范、网络课程等，以提升农民的专业技能和综合素质。

为了促进特色农业技术的普及和应用，河南省还应加强特色农业技术的推广工作，建立科技示范园区和产业基地，展示和推广先进的农业技术和管理经验。通过示范引领和辐射带动，提高特色农产品的科技含量和附加值。

政策扶持是特色农业发展的重要保障。河南省应出台一系列优惠政策，以降低农民的生产成本，激发他们的生产积极性，推动特色农业产业的健康发展。第一，在财政补贴方面，河南省可以设立特色农业发展专项资金，对符合条件的特色农业项目给予财政补贴，减轻农民的经济负担，并加大对特色农业产业的投入力度，支持基础设施建设、技术研发和推广等关键环节。第二，在税收优惠方面，河南省可以对从事特色农业生产的农民和企业给予税收减免政策，降低他们的经营成本，提高盈利能力。通过税收政策的引导，鼓励更多的社会资本投入特色农业领域，推动特色农业产业的快速发展。第三，在金融支持方面，河南省可以设立特色农业贷款贴息政策，对符合条件的特色农业项目给予贷款贴息支持，降低农民的融资成本。通过金融政策的扶持，帮助农民解决资金难题，推动特色农业产业的持续发展。

此外，河南省还应加强对特色农业产业的规划引导，优化产业布局，推动特色农业产业集群的形成和发展。通过制定科学的产业发展规划，明确特色农业的发展方向和目标，引导农民和企业有序发展特色农业产业。同时，加强区域间的合作与交流，推动特色农业产业的协同发展，形成优势互补、资源共享的产业格局。

三、构建生态友好的耕作制度

面对资源约束趋紧、环境污染严重、生态系统退化的严峻形势，河南省亟须转变农业发展方式，构建生态友好的耕作制度，以实现农业生产的可持续发展。这一转变不仅关乎粮食安全和农民福祉，更关乎国家生态文明建设的全局。

（一）发展节水、耐旱、抗逆性强的作物与牧草生产

作为农业大省，河南省的农业发展不仅关乎国家粮食安全，更与生态平衡和可持续发展紧密相连。近年来，我国节水农业发展成效显著，但随着粮食生产重心向我国北方转移，提升农业用水效率已成为缓解水粮矛盾的主攻方向。[①] 在此背景下，构建生态友好的耕作制度，首要且紧迫的任务是发展节水农业，以最小的水资源消耗获取最大的农业产出，保障农业生产的可持续性。

节水农业的核心在于作物品种的革新。耐旱小麦和节水玉米等节水、耐旱、抗逆性强的作物品种，是节水农业的重要基石。耐旱小麦通过基因改良，提高了植株的水分利用效率，能在干旱条件下保持较高产量。节水玉米则通过优化根系结构和叶片形态，减少蒸腾作用导致的水分损失，从而在不增加灌溉量的前提下，实现产量稳定或增长。这些作物品种的推广，不仅缓解了水资源短缺的压力，还提高了农业生产的稳定性和抗风险能力。

在节水农业的实践中，牧草生产同样扮演着重要角色。紫花苜蓿和黑麦草等优质牧草，不仅耐旱节水，还具有高营养价值，是畜牧业不可或缺的饲料来源。紫花苜蓿富含蛋白质、维生素和矿物质，能有效提高奶牛的产奶量和肉牛的肉质。黑麦草则因其生长迅速、适应性强，成为草食性动

---

① 张宪法，沈欣，陈广锋，等.我国节水农业发展现状及"十五五"工作考虑［J/OL］.水利发展研究，（2025-02-08）［2025-03-01］.http://kns.cnki.net/kcms/detail/11.4655.TV.20250208.1402.014. html.

物冬季的重要饲草。通过种植这些牧草，不仅可以减少对灌溉水的依赖，还能促进农业内部结构的优化调整，推动种植业与畜牧业的协调发展，形成生态农业的良性循环。

节水农业的发展，除了作物品种的革新，还需要节水技术的集成与应用。这包括精准灌溉技术，如滴灌、喷灌等，能够准确控制灌溉量和灌溉时间，减少水分浪费；土壤水分监测技术，通过实时监测土壤水分含量，指导灌溉决策，实现灌溉的精细化管理；以及节水农业设施的建设，如蓄水池、节水灌溉系统等，提高了水资源的储存和利用效率。这些技术的广泛应用，为节水农业的发展提供了强有力的技术支撑。

（二）推广轮作、休耕、间作套种等生态农业模式

面对现代农业发展带来的土壤退化、病虫害频发等问题，传统的生态农业模式——轮作、休耕与间作套种，再次焕发出新的生机与活力，成为河南省推进农业绿色转型、实现可持续发展的关键路径。

轮作，即在不同季节或年份里种植不同的作物，是改善土壤结构、提高土壤肥力的有效手段。在河南省的农业生产中，长期的作物连作往往导致土壤养分流失、病虫害积累以及土壤微生物群落结构失衡等问题。轮作通过种植不同种类的作物，能够打破这些连作障碍，减少土壤中特定病虫害的滋生环境，降低病虫害的发生频率和严重程度。同时，不同作物对土壤养分的吸收利用存在差异，轮作有助于平衡土壤养分，提高土壤有机质含量，促进土壤微生物多样性的恢复，从而提升土壤的整体健康水平。

休耕，即在一段时间内停止耕种，让土地得到充分的休息和恢复。在河南省，休耕不仅有助于土壤结构的修复，减少水土流失，还能促进土壤微生物的繁殖和活动，增强土壤的保水保肥能力。休耕期间，自然植被的生长还能增加地表覆盖，减少风蚀和水蚀，维护生态平衡。此外，休耕还有助于调节农业生态系统中的物质循环和能量流动，减少农业活动对自然环境的干扰，促进农业生态系统的自我修复和稳定。

间作套种，即在同一块土地上同时或交替种植两种或多种作物，是实

现土地高效利用和生态平衡的有效方式。在河南省，小麦与大豆的间作套种就是一个典型例子。小麦作为禾本科作物，能够充分利用上层土壤的光照和养分；而大豆作为豆科作物，其根系能够通过固氮作用将空气中的氮气转化为植物可吸收的氮素，从而提高土壤肥力。这种间作模式不仅提高了土地的光能利用率和养分利用效率，还通过豆科作物的固氮作用，减少了化肥的使用量，降低了农业面源污染的风险。同时，间作套种还能增加生态系统的多样性，提高生态系统的稳定性和抵抗力，为农业生态系统的长期可持续发展奠定基础。

（三）合理调整作物种植结构与耕作方式

作物种植结构与耕作方式的调整，是实现农业可持续发展的关键，也是构建生态友好耕作制度的核心策略。面对气候变化、资源约束和市场需求的多重挑战，河南省必须科学规划作物种植结构，优化耕作方式，以促进农业生产的绿色转型与高效发展。

河南省地域辽阔，气候条件多样，土壤类型丰富，为作物种植提供了多样化的选择空间。在构建生态友好耕作制度的过程中，河南省应根据不同地区的气候特点、土壤类型以及市场需求，科学规划作物种植结构。一方面，要减少高耗水、高化肥投入的作物种植，如部分传统高产但资源消耗大的作物品种，转向种植耐旱、节水、低化肥需求的生态友好型作物，如耐旱小麦、节水玉米、优质牧草等。这些作物不仅能在减少资源消耗的同时保持或提高产量，还能改善土壤结构，提高土壤肥力，促进农业生态系统的健康循环。另一方面，作物种植结构的调整还需考虑市场需求的变化。随着消费者对健康、绿色、有机食品的需求日益增长，河南省应大力发展有机农业、绿色食品产业，增加生态友好型农产品的比重，如有机蔬菜、水果、杂粮等，以满足市场对高品质农产品的需求，提升农业附加值，促进农民增收。

耕作方式的调整对于减少土壤侵蚀、提高土壤保水保肥能力至关重要。河南省应大力推广保护性耕作技术，如秸秆还田、覆盖耕作等，这些技术能够减少土壤裸露，降低风蚀和水蚀，保持土壤水分，提高土壤有机质含量，促进土壤微生物活动，增强土壤生态系统的稳定性和恢复力。

同时，深松整地也是优化耕作方式的重要一环。通过深松土壤，打破犁底层，增加土壤通透性，有利于根系生长和水分下渗，提高土壤保水保肥能力。深松整地还能促进土壤养分的释放和利用，提高作物对养分的吸收效率，从而增加作物产量，提升农田综合生产能力。

在作物种植过程中，合理密植与精量播种是提高光能利用率和作物产量的重要技术手段。合理密植能够充分利用光能，使作物叶片分布均匀，减少相互遮挡，提高光合作用的效率。同时，合理密植还能改善田间小气候，如增加田间湿度、降低温度，有利于作物的生长和发育。精量播种则是通过精确控制播种量，确保每株作物都能获得充足的生长空间和养分，减少无效分蘖和空秆，提高作物的产量和品质。精量播种还能减少种子的浪费，降低生产成本，提高农业生产的效益。

（四）加强农业生态环境监测与评估

构建生态友好的耕作制度，是实现农业可持续发展的必由之路，也是保障国家粮食安全、促进生态文明建设的重要举措。而这一切的基石，离不开对农业生态环境的持续监测与科学评估。通过建立健全农业生态环境监测网络，开展农业生态环境影响评估，河南省能够及时发现并解决生态环境问题，为制定和调整农业政策提供科学依据，推动农业向更加绿色、高效、可持续的方向发展。

农业生态环境的健康与否，直接关系到农业生产力的稳定性和农业生态系统的可持续性。河南省应建立健全覆盖全省的农业生态环境监测网络，对土壤、水源、空气等关键生态要素进行定期、系统的监测。土壤监测应关注土壤肥力、重金属含量、微生物群落结构等关键指标，评估土壤健康状况和污染风险。水源监测应重点关注水质变化，包括溶解氧、氮磷含量、重金属污染等，确保农业灌溉用水的安全。空气监测则应主要关注PM2.5、二氧化硫、氮氧化物等污染物的浓度，以及农业活动可能产生的温室气体排放，为农业减排提供数据支持。

农业活动，如化肥农药的使用、作物种植结构的调整、耕作方式的改变等，都可能对生态环境产生直接或间接的影响。因此，开展农业生态环境影响评估，对农业活动可能产生的环境影响进行科学预测和评估，是构建生态友好耕作制度的重要一环。评估应涵盖农业活动对土壤、水源、空气、生物多样性等多方面的影响，采用定量与定性相结合的方法，全面、客观地评估农业活动的生态效应。通过评估，可以及时发现潜在的环境风险，为制定和调整农业政策提供科学依据，确保农业活动的绿色转型和可持续发展。

农业生态环境监测与评估的结果，是制定和调整农业政策的重要依据。河南省应充分利用监测与评估数据，结合区域特点，制定差异化的农业生态环境保护措施，如化肥农药减量增效、农业废弃物资源化利用、农业节水灌溉等，推动农业绿色转型。同时，加强政策宣传，提高农民的环保意识和参与度，鼓励农民采用生态友好的耕作方式，形成政府引导、农民参与、社会监督的良好氛围。

（五）促进农业废弃物资源化利用与推广绿色防控技术

农业废弃物的资源化利用与绿色防控技术的推广，是实现农业废弃物变废为宝、减少环境污染的有效途径，也是推动农业绿色转型、促进生态文明建设的重要驱动力。通过积极推动农业废弃物资源化利用，如秸秆还田、畜禽粪便发酵等，以及鼓励农民采用生物防治、物理防治等绿色防控技术，河南省能够在保障粮食安全和农业可持续发展的同时，实现资源的高效利用和环境的友好保护。

农业废弃物，如秸秆、畜禽粪便等，是农业生产的副产品。若处理不当，不仅会造成环境污染，还会浪费宝贵的资源。河南省应积极推动农业废弃物的资源化利用，将这些废弃物转化为有机肥料或生物质能源，实现资源的循环利用。

秸秆还田是一种有效的农业废弃物资源化利用方式。通过机械粉碎、生物降解等手段，将秸秆还田可以增加土壤有机质含量，改善土壤结构，提高土壤肥力。同时，秸秆还田还能减少秸秆焚烧带来的空气污染，降低温室气体排放，实现农业生产的绿色循环。

畜禽粪便发酵是另一种重要的农业废弃物资源化利用方式。通过厌氧发酵或好氧发酵等技术，将畜禽粪便转化为生物肥料或生物能源，如沼气、生物柴油等，不仅可以减少粪便对环境的污染，还能为农业生产提供清洁能源和有机肥料，实现资源的高效利用。

化学农药的过度使用，不仅会对环境造成污染，还会破坏生物多样性，影响农业生态系统的稳定性。因此，推广绿色防控技术，减少化学农药的使用，是保障农业可持续发展的关键。

生物防治是一种有效的绿色防控技术。通过利用天敌、微生物、植物源农药等生物因子，控制害虫的数量和危害，减少化学农药的使用。例如，利用瓢虫、草蛉等天敌防治蚜虫、棉铃虫等害虫，既能有效控制害虫，又能保护天敌，维护生态平衡。

物理防治是另一种重要的绿色防控技术。通过利用光、热、电、声等物理因子，或设置物理屏障，如防虫网、黄板等，控制害虫的入侵和危害。物理防治具有无污染、无残留、不伤害天敌等优点，是保障农产品安全、保护生物多样性的有效手段。

通过农业废弃物的资源化利用和绿色防控技术的推广，河南省不仅能够有效减少环境污染，还能提高资源利用效率，推动农业绿色转型，为实现农业可持续发展和生态文明建设奠定坚实基础。

第二节　推广绿色低碳农业技术

推广绿色低碳农业技术对河南省农业的可持续发展具有深远意义。其中，加强低碳农业技术的研发是实现这一转型的关键，推广这些技术是实践这一转型的重要路径，而建设低碳农业示范园区则是推动这一转型的重要举措。

一、加强低碳农业技术研发

农业作为国民经济的基础，其绿色低碳转型不仅关乎粮食安全和农业可持续发展，更是推动生态文明建设、实现碳达峰碳中和目标的关键环节。加强低碳农业技术的研发与创新，是达成这一目标的核心所在。河南省应依托科研机构、高校，并加强与国际先进技术的交流与合作，加快低碳农业技术的研发步伐。这有助于提升农业生产的能效，增强碳汇能力，减少碳排放和能源消耗，为农业绿色发展注入强劲动力。

随着现代农业的快速发展，农业机械设备在农业生产中的作用日益凸显。然而，传统农业机械设备往往能耗高、排放大，对环境造成较大压力。因此，研发高效节能的农业机械设备成为河南省推动低碳农业发展的重要方向。河南省应依托本地及国内外科研力量，加大对节能型农机具的研发投入，如开发电动或太阳能驱动的拖拉机、收割机、灌溉系统等，以减少化石燃料的使用，降低温室气体排放。同时，应推广精准农业技术，如智能导航、无人机监测、物联网管理等，以提高农业生产效率，减少资源浪费，实现农业生产过程的智能化、精细化。

化学农药的过度使用不仅污染环境，还会破坏生物多样性，影响农业生态系统的稳定性。生物防治病虫害技术作为一种绿色、环保的防控手段，正逐渐成为河南省农业绿色转型的重要选择。河南省应鼓励和支持科研机构、高校以及农业企业加强对天敌昆虫、微生物制剂、植物源农药等生物防治技术的研发与应用。例如，通过繁殖与释放天敌昆虫（如瓢虫防治蚜虫、赤眼蜂防治玉米螟等）实现害虫的自然控制；利用微生物制剂（如细菌、真菌等）对作物病害进行生物防治；开发植物源农药（如苦参碱、印楝素等）替代化学农药，以减少环境污染，保护生物多样性。

化肥的过度使用同样会导致土壤退化、水源污染，并影响农产品的品质和安全。开发有机肥料和生物农药是河南省实现农业绿色低碳转型的另一重要途径。河南省应依托科研机构，加强对有机肥料和生物农药的研发。通过利用农业废弃物（如畜禽粪便、作物秸秆等）进行生物发酵或堆肥化处理，生产高效、环保的有机肥料，以替代化学肥料，提升土壤肥力，改善土壤结构。同时，应加强对生物农药的研发，利用微生物、植物提取物等天然成分开发对环境友好、对害虫有效的生物农药，减少化学农药的使用。

在低碳农业技术的研发与应用方面，河南省应积极加强与国际先进技术的交流与合作。通过引进和消化吸收国际先进技术成果，提升河南省低碳农业技术的整体水平。为此，河南省可以与国际知名科研机构、高校以及农业企业建立合作关系，共同开展低碳农业技术的研发与应用。此外，还应通过举办国际研讨会、技术交流会等活动，促进技术、信息的交流与合作，学习借鉴国际先进经验，推动河南省低碳农业技术的快速发展。

为推动低碳农业技术的研发与应用，河南省还应加强政策引导与资金支持。具体而言，应出台相关政策（如提供研发补贴、税收优惠、技术转化奖励等），鼓励科研机构、高校以及农业企业积极参与低碳农业技术的研发与应用。同时，应设立专项基金支持低碳农业技术的示范与推广，构建良好的创新环境，推动河南省农业实现绿色低碳转型。

二、推广低碳农业技术

低碳农业技术的推广，既是实现农业绿色低碳转型的关键，也是推动农业现代化、提升农民生活水平的重要环节。河南省正通过举办培训班、现场示范等多种方式，积极探索和实践低碳农业技术的有效推广路径，旨在激发农民采用低碳生产方式的积极性，培育新型职业农民，为农业绿色发展注入强劲动力。

培训班是推广低碳农业技术的重要途径。河南省应定期组织各类低碳农业技术培训班，邀请来自科研机构、高校及农业企业的专家，为农民讲解低碳农业技术的理论知识、实际操作方法及成功案例。培训内容应涵盖高效节能农业机械设备的使用与维护、生物防治病虫害技术、有机肥料与生物农药的制备与应用等，确保农民能够全面了解低碳农业技术的实际效果和优势。培训班还应注重实践操作，通过现场演示、动手实践等方式，让农民亲身体验低碳农业技术的成效。通过实地操作，农民可以更直观地感受到低碳农业技术如减少化肥农药使用、提高土壤肥力、降低能耗等优势，从而激发他们采用低碳生产方式的积极性。

现场示范是另一种有效的低碳农业技术推广方式。河南省应选取具有代表性的农业区域，建立低碳农业技术示范点，展示低碳农业技术的实际应用成果。通过展示高效节能农机具的使用效果、生物防治病虫害技术的实际效果、有机肥料与生物农药对作物生长的促进作用等，让农民亲眼见证低碳农业技术的优势。现场示范还应邀请农民参与，让他们亲身体验低碳农业技术的操作过程，感受低碳农业带来的变化。通过现场互动，农民可以更加深入地了解低碳农业技术的实际应用情况，增强对低碳农业技术的信心，为后续的推广应用奠定坚实基础。

低碳农业技术的推广离不开农民科技素养的提升。河南省应加强对农民的技术培训与教育，通过举办技术讲座、发放技术资料、建立技术咨询平台等方式，提高农民的科技素养和环保意识。培训内容应涵盖低碳农业技术的最新进展、市场动态、政策法规等，帮助农民了解低碳农业的发展趋势，掌握先进的农业技术和管理方法。

通过技术培训与教育，河南省旨在培养一批懂技术、会管理的新型职业农民。这些新型职业农民将具备较高的科技素养和环保意识，能够熟练掌握低碳农业技术，成为推动农业绿色低碳转型的中坚力量。

三、建设低碳农业示范园区

低碳农业示范园区的建设，既是展示低碳农业技术实际效果的重要窗口，也是推动其广泛应用、促进农业绿色低碳转型的实践平台。河南省通过集成应用低碳农业技术，展示绿色种植、生态养殖、农业废弃物资源化利用等低碳农业模式，旨在以示范园区为引领，带动周边农民积极采用低碳生产方式，共同推动农业绿色低碳转型的深入开展。

低碳农业示范园区的建设，关键在于集成应用各类低碳农业技术，形成一套完整的低碳农业模式。这些技术包括高效节能农业机械设备、生物防治病虫害技术、有机肥料与生物农药的制备与应用、农业废弃物资源化利用技术等。通过将这些技术集成应用，示范园区能够展示低碳农业技术的实际效果，如减少化肥农药使用、提高土壤肥力、降低能耗、减少温室气体排放等。在示范园区内，绿色种植和生态养殖是两大核心模式。绿色种植强调利用有机肥料替代化肥，采用生物防治技术替代化学农药，实现作物生长过程的低碳、环保。生态养殖则强调畜禽粪便等农业废弃物的资源化利用，通过厌氧发酵等技术将其转化为生物肥料或生物能源，实现养殖废弃物的无害化处理与资源化利用。

低碳农业示范园区的建设，不仅能够展示低碳农业技术的实际效果，更重要的是能够带动周边农民积极采用低碳生产方式。通过组织农民参观示范园区、举办技术交流会等活动，让农民亲身体验低碳农业技术的优势，了解低碳农业对提升农产品品质、增加农民收入、保护生态环境的积极作用。在示范园区的引领下，周边农民将逐渐认识到低碳农业的重要性，积极采用低碳生产方式，推动农业绿色低碳转型的深入开展。

为了进一步提高社会对低碳农业的认知度和接受度，河南省应加强对示范园区的宣传和推广。通过电视、广播、网络等媒体平台，广泛宣传低碳农业技术的优势、示范园区的建设成果以及低碳农业对推动农业绿色低碳转型的重要作用。同时，举办低碳农业技术研讨会、产品展示会等活动，邀请专家学者、企业代表、农民等共同参与，共同探讨低碳农业的发展路径和未来趋势。

此外，河南省还可以探索建立低碳农业示范园区的评价体系，对示范园区的建设成效进行评估和反馈，不断优化低碳农业技术集成应用方案，提升示范园区的示范效果和推广价值。

第三节　农产品流通的数字化改革

农产品流通的数字化改革是一场引领行业未来的深刻变革。它以前瞻性的视角，聚焦于构建全面、高效的农产品信息平台。这一平台充分利用大数据和互联网技术的强大驱动力，打破了传统农产品流通中的信息壁垒，实现了农产品信息的实时共享与智能匹配，极大地提升了信息流通的效率和准确性。在此基础上，农产品电子商务蓬勃发展，为农产品的销售开辟了全新的渠道。互联网经济推动线上线下融合，农产品跨渠道流通方式增多，其中作为核心环节的流通平台起着重要的推动作用。[①] 通过电商平台，农产品得以跨越地域限制，直接触达全国乃至全球的消费者，不仅拓宽了销售渠道，降低了销售成本，还满足了消费者日益增长的个性化需求，增强了农产品的市场竞争力。同时，农产品冷链物流体系的完善也是数字化改革不可或缺的一环。冷链物流依托先进的冷藏、冷冻技术和设备，确保了农产品在流通过程中的品质与安全，有效减少了损耗，延长了保质期，为农产品的长距离运输和长期储存提供了有力保障。这一系列举措共同推动了农产品流通的现代化进程，不仅提升了农产品流通的效率和品质，还为农业现代化和乡村振兴注入了新的活力，为农业产业的可持续发展奠定了坚实基础。

一、构建农产品信息平台

在 21 世纪的数字化浪潮中，农业作为国家经济的基石，其现代化转型尤为关键。农产品信息平台的建设，正是这一转型过程中的重要一环。它不仅为实现农产品流通的数字化改革奠定了坚实的基础，更为河南省乃至全国的农业产业升级提供了强有力的支撑。河南省，作为中国的重要农业生产基地，拥有丰富的农产品资源和深厚的农业文化底蕴，更应把握时代机遇，充分利用互联网和大数据技术，构建高效、智能的农产品信息平台，以科技赋能农业，推动农业高质量发展。

农产品信息平台的建设，首先实现了信息的实时共享与智能匹配。在传统的农产品流通模式中，信息滞后与不对称是导致农产品滞销、价格波动大等问题的主要原因之一。而通过构建农产品信息平台，可以实时采集、

---

① 来金晶.数字化改革背景下农产品跨渠道流通平台的演化研究［J］.江苏商论，2023（5）：28-32.

整合与分析全省乃至全国的农产品生产、库存、需求等数据，形成全面、准确的信息网络。农民和农业企业只需轻点鼠标或滑动手机屏幕，就能迅速获取到最新的市场动态，包括各类农产品的供需状况、价格走势预测等关键信息，从而做出更加科学合理的种植、养殖和销售决策。这种信息的即时流通，极大降低了因信息不对称造成的资源浪费和市场风险，为农业生产提供了有力的数据支撑。

信息平台的建设还促进了农产品市场的透明化和规范化。过去，农产品交易往往依赖于传统的中介模式，信息链条长、透明度低，容易出现价格操纵、质量参差不齐等问题。而农产品信息平台通过公开透明的信息发布机制，确保所有市场参与者都能获取到公平、公正的信息，有效遏制了市场欺诈和不正当竞争行为。同时，平台还可以引入质量追溯系统，对农产品的生产、加工、运输等各个环节进行全程监控，确保农产品质量安全，提升消费者信任度，进一步推动农产品市场的规范化发展。

此外，农产品信息平台还能显著提升农产品流通效率。通过智能化的供需匹配算法，平台能够自动为农产品寻找最佳的销售渠道和买家，减少中间环节，缩短流通时间，降低物流成本。对于季节性强、保鲜要求高的农产品而言，这种高效的流通模式意味着更快的资金周转和更少的损耗，直接增加了农民的收益。同时，平台还可以根据历史数据和市场需求预测，为农民提供种植结构调整、品种改良等建议，引导农业生产向更加精准、高效的方向发展。

二、发展农产品电子商务

在信息化与数字化飞速发展的今天，电子商务已成为连接生产与消费的重要桥梁。对于农业领域而言，电子商务的发展为农产品的销售开辟了全新的渠道，带来了无限的机遇。河南省应紧跟时代步伐，充分利用电商平台，推动农产品电子商务的发展，以科技的力量促进农业产业升级，实现农产品销售的数字化转型。

电子商务为农产品的销售带来了显著的变革。传统的农产品销售模式往往依赖于多级分销体系，信息链条长，流通成本高，且难以直接触达终端消费者。而通过电商平台，农民和农业企业可以直接将农产品展示给全国乃至全球的消费者，实现"从田间到餐桌"的直达销售，极大地缩短了销售链条，降低了销售成本。这种直销模式不仅提高了销售效率，还使得农民能够获取更高的利润，增强了农业生产的积极性和可持续性。

电商平台不仅为农产品销售提供了更广阔的渠道，还满足了消费者日益增长的个性化需求。在电商平台上，农产品可以根据地域特色、品种差异、季节变化等因素进行精细化分类和展示，消费者可以根据自己的口味偏好、营养需求等选择心仪的产品。此外，电商平台还可以提供个性化的产品定制服务，如定制包装、定制配送等，进一步提升了消费者的购物体验和满意度。这种以消费者为中心的销售模式，不仅促进了农产品的销售，还推动了农业产业的精细化、差异化发展。

为了推动农产品电子商务的发展，河南省应采取一系列措施加强对电商平台的支持和监管。一方面，政府应出台相关政策，鼓励农民和农业企业利用电商平台销售农产品，提供税收优惠、资金扶持等激励措施，降低其进入电商领域的门槛和成本。同时，政府还应加强电商平台的培训和指导，提升农民和农业企业的电商运营能力，帮助他们更好地适应电商市场的竞争环境。另一方面，政府应加强对电商平台的监管，确保其合法合规运营，维护市场秩序和消费者权益。这包括建立健全电商平台的信用评价体系，对商家的信誉度进行动态监测和评估，对违规行为进行严厉打击；加强电商平台的数据安全和隐私保护，确保消费者的个人信息不被泄露和滥用；推动电商平台与物流、金融等行业的深度融合，提升农产品电商的物流效率和金融服务水平。

三、完善农产品冷链物流

在农产品流通领域，冷链物流作为保障农产品品质和延长保质期的关键环节，其重要性日益凸显。加强农产品冷链物流建设，对于提升农产品市场竞争力、推动农业现代化以及促进乡村振兴具有深远意义。

冷链物流的核心在于运用一系列冷藏、冷冻技术和设备，确保农产品从采摘、加工、运输、储存到销售等各个环节都保持在适宜的温度和湿度条件下，从而最大限度地减少农产品的损耗和品质降低。对于河南省而言，加强农产品冷链物流建设，首要任务是建设一批高效、先进的冷链物流中心和配送网络。这些冷链物流中心应配备完善的冷藏、冷冻设施，以满足不同农产品的储存需求。同时，配送网络应覆盖全省乃至全国的主要城市和地区，确保农产品能够迅速、安全地送达消费者手中。

在冷链物流设备和技术层面，河南省应大力推广冷藏车、冷藏箱等冷链物流设备的使用。冷藏车作为冷链物流的主要运输工具，其内部装备了先进的制冷系统，能够维持车厢内恒定的温度和湿度条件，确保农产品在运输过程中的品质稳定。冷藏箱则适用于短途运输和临时储存，具有体积小、重量轻、便于携带等特点，能够满足农产品在不同场景下的冷链物流需求。此外，河南省还应积极探索和应用先进的冷链物流技术，实现对冷链物流全过程的智能化监控和管理，进而提升冷链物流的效率和质量。

通过冷链物流的建设，河南省可以大幅减少农产品在流通过程中的损耗和浪费。传统的农产品流通模式往往存在信息滞后、物流链条冗长、保鲜技术落后等问题，导致农产品在运输和储存过程中品质下降、损耗增加。而冷链物流的建设，则能够借助先进的冷藏、冷冻技术和设备，确保农产品在流通过程中保持适宜的温度和湿度条件，从而减少损耗和浪费，增强农产品的市场竞争力。

然而，冷链物流的建设并非一朝一夕之功，需要政府、企业和社会各界的共同努力。在推动冷链物流发展的同时，河南省应加强对冷链物流的监管，确保冷链物流的规范化和标准化运营。政府应出台相关政策，鼓励和支持冷链物流企业的发展，降低企业进入冷链物流领域的门槛和成本。同时，政府还应加强对冷链物流企业的监督和管理，建立健全冷链物流企业的信用评价体系，对冷链物流企业的运营情况进行动态监测和评估，对违规行为进行严厉惩处，确保冷链物流市场的健康有序发展。

此外，河南省还应重视冷链物流人才的培养和引进。冷链物流作为一个专业性极强的领域，需要一支具备专业知识和技能的人才队伍来支撑。

政府和企业应加大对冷链物流人才的培养投入，通过设立奖学金、提供实习岗位等方式，吸引更多年轻人投身冷链物流事业。同时，还应积极引进国内外先进的冷链物流技术和人才，推动河南省冷链物流技术的创新与发展。

第四节　农村金融服务的数字化创新

数字普惠金融是推进数字乡村建设与乡村经济高质量发展的重要途径，在政策、技术、市场等多重因素驱动作用下，农村金融机构实施数字化转型势在必行。[①]农村金融服务的数字化创新正谱写着农业现代化和乡村振兴的新篇章。在这一进程中，建立数字金融服务体系成为关键一环，旨在通过数字技术优化金融服务流程，提升服务效率与质量。推广移动支付和线上信贷是数字化创新的重要实践。然而，数字化创新也带来了新的金融风险防控挑战，因此加强金融风险防控成为保障农村数字金融服务健康发展的必要举措。

一、建立数字金融服务体系

河南省，作为中国的重要农业生产基地，正面临着从传统农业向现代农业转型升级的历史性任务。在这一过程中，农村金融服务的数字化创新成为推动农业绿色低碳转型的重要支撑。通过利用数字技术推动农村金融服务的创新，河南省可以构建起涵盖信贷、保险、支付等多元化服务的数字金融服务体系，为农业现代化和乡村振兴提供有力的金融支持。

建立数字金融服务体系的首要任务，是利用数字技术优化和升级传统的农村金融服务。传统的农村金融服务往往受到地域、信息、技术等多重因素的制约，导致农民难以获得便捷、高效的金融服务。而数字金

---

① 石洋洋，唐文婷.多重驱动下农村金融机构实施数字化转型的路径探索［J］.智慧农业导刊，2024（12）：20-23.

融服务体系的引入，可以借助大数据、云计算、人工智能等先进技术，打破这些限制，实现金融服务的数字化、智能化和个性化。例如，通过建设数字信贷平台，农民可以足不出户地申请贷款，贷款审批时间大大缩短，贷款门槛降低，贷款效率和可获得性得到提高。同时，数字支付系统的推广，也使得农民可以更加便捷地进行资金收付和转账，提高了资金流动的效率。

数字金融服务体系不仅能为农民提供更加便捷、高效的金融服务，还能促进金融资源的优化配置和风险防范。在传统的农村金融服务模式下，由于信息不对称和风险管理能力的限制，金融资源往往难以有效配置到最需要的地方。而数字金融服务体系则可以通过大数据分析和风险评估技术，实时监测和动态分析农民的信用状况、农业生产状况、市场需求等多维度信息，从而实现对金融资源的精准投放和有效管理。

此外，数字金融服务体系还能为农业绿色低碳转型提供有力支持。随着农业绿色低碳转型的深入推进，农民对环保、节能、低碳等新型农业技术和模式的需求日益增加。然而，这些新型农业技术和模式的研发和推广往往需要大量资金投入。数字金融服务体系可以通过提供绿色信贷、绿色保险等金融产品，为农民提供资金支持，降低他们采用新型农业技术和模式的成本和风险。同时，数字金融服务体系还可以建立绿色信用评价体系，对农民的环保行为进行激励和约束，推动农业绿色低碳转型的深入发展。

二、推广移动支付和线上信贷

在全球数字化浪潮的推动下，农村金融服务正经历着一场深刻的变革。移动支付和线上信贷作为农村金融服务数字化创新的重要方向，正成为推动农业现代化、促进乡村振兴的重要力量。河南省应积极响应国家号召，鼓励农民使用移动支付和线上信贷服务，提高金融服务的便捷性和可得性，为农业现代化和乡村振兴注入新活力。

移动支付和线上信贷服务的推广，首先意味着农民可以随时随地办理金融业务，极大地减少了对传统金融网点的依赖。传统农村金融服务往往受到地域、时间等因素的限制，农民需花费大量时间和精力前往金融网点办理业务。而移动支付和线上信贷服务的出现，打破了这些限制，农民只需通过手机或电脑等终端设备，即可随时随地查询账户余额、转账汇款、申请贷款等，极大提高了金融服务的便捷性和效率。

同时，线上信贷服务还能为农民提供更加灵活、便捷的贷款方式，满足他们的资金需求。在传统农村信贷模式下，农民往往需提供烦琐的抵押物和担保材料，贷款审批流程烦琐且时间长，难以满足农民对资金的紧急需求。而线上信贷服务则可通过大数据分析和风险评估技术，快速评估农民信用状况，为他们提供更加灵活、便捷的贷款方式。农民只需通过手机或电脑等终端设备提交贷款申请，即可在短时间内获得贷款审批结果，大大缩短了贷款审批时间，降低了贷款门槛，提高了贷款的效率和可获得性。

在推广移动支付和线上信贷服务的过程中，河南省还应注重风险防控和信息安全。移动支付和线上信贷服务虽便捷高效，但也存在信息安全和欺诈风险等问题。因此，河南省应加强对移动支付和线上信贷服务的监管，建立健全信息安全和风险防控机制，确保农民资金安全和信息安全。同时，金融机构也应加强技术投入和风险防范措施，提高移动支付和线上信贷服务的安全性和可靠性。

三、加强金融风险防控

随着农村金融服务的数字化创新持续推进，移动支付、线上信贷等新兴服务模式正逐步重塑农村金融市场格局，为农业现代化和乡村振兴提供了强有力的金融支持。然而，数字金融服务的快速发展也带来了新的金融风险防控挑战。为保障农民资金安全，维护农村金融市场的稳定与健康发展，河南省需建立健全金融风险防控机制，加强对农村数字金融服务的监管和风险防范工作。

完善金融法律法规和政策体系是加强金融风险防控的基石。随着农村金融服务的数字化创新，传统的金融监管法律法规和政策体系已难以适应新的市场环境。因此，河南省应积极推动金融法律法规的修订和完善，明确数字金融服务的法律地位、业务范围、监管要求等，为农村数字金融服务的健康发展提供坚实的法律保障。同时，河南省还应出台相关政策，鼓励和支持金融机构加强风险防控体系建设，提升其风险防范能力。

加强金融监管机构的建设和协调是金融风险防控的关键环节。农村金融服务的数字化创新涉及多个金融机构和监管部门，需要建立高效的协调机制，确保各部门之间的信息共享和协同作战。河南省应加强对金融监管机构的建设和协调，明确各部门的职责和权限，建立健全信息共享和协同作战机制，形成合力，共同应对金融风险。同时，河南省还应加强对金融机构的监管和指导，督促其加强内部管理，完善风险防控体系，提高风险防范的实效性和针对性。

提升金融机构的风险管理能力也是加强金融风险防控的重要举措。随着农村金融服务的数字化创新，金融机构面临着更加复杂多变的市场环境和风险挑战。因此，金融机构应加强风险管理能力建设，建立健全风险管理制度和流程，提高风险识别和评估的准确性和及时性，加强风险监测和预警机制建设，及时发现和处置潜在风险。同时，金融机构还应加强对农民的金融教育和宣传，提高他们的金融素养和风险防范意识，增强他们对金融风险的识别和应对能力。

在加强金融风险防控的过程中，河南省还应注重科技赋能和风险预警系统的建设。随着数字技术的快速发展，河南省可以充分利用大数据、人工智能等先进技术，建立风险预警系统，实时监测和分析农村数字金融服务的风险状况，及时发现和处置潜在风险。同时，河南省还应加大对金融机构的科技创新支持力度，鼓励其利用数字技术提高风险防范能力，降低金融风险的发生概率和影响程度。

第五节 区块链技术在农产品追溯中的应用

区块链技术在农产品追溯领域的应用，不仅增强了农产品的透明度和安全性，还为消费者提供了更为可靠的选购依据，为农业生产者营造了更加公平的市场环境。这一技术的引入，无疑为农产品市场的健康发展注入了新动力，实现了消费者和农业生产者的双赢。

一、建立农产品追溯体系

随着科技的飞速发展，特别是区块链技术的崛起，为农产品的安全追溯提供了全新方案。河南省应充分利用区块链技术的优势，建立从田间到餐桌的全链条可追溯体系，为农产品的质量与安全提供坚实保障。

区块链技术以其去中心化、数据不可篡改、透明公开等特性，成为构建农产品追溯体系的优选方案。该技术通过分布式账本记录农产品的生产、加工、运输、销售等各个环节的详细信息，形成一条完整且不可篡改的数据链。每个环节的信息都被加密存储，并通过哈希值相互链接，确保信息的真实性和完整性。当消费者或监管机构需要查询某件农产品的来源、生产日期、质检报告等关键信息时，只需扫描产品上的二维码或输入相关信息，即可迅速获取该农产品全生命周期的详细数据，实现真正的"源头可追溯、过程可监控、结果可查询"。

在河南省的农产品追溯体系中，区块链技术的应用将极大提升农产品的质量和安全性。从生产源头起，农民或农业生产企业在播种、施肥、灌溉、病虫害防治等关键环节，将相关数据记录上链。这些数据涵盖种子品种、化肥农药使用情况、生长周期等，为农产品的品质提供了科学依据。在加工环节，工厂接收原材料时，将原料来源、生产日期、批次号等信息上链，确保加工过程的透明度。随后，在运输和销售阶段，物流信息、仓储条件、销售地点等数据也被逐一记录，形成一条完整的供应链条。

追溯体系的建立，不仅有助于及时发现并处理农产品安全事件，还能有效预防潜在风险。当某一批次农产品出现问题时，通过追溯系统可迅速定位问题源头，采取隔离、召回等措施，防止问题产品流入市场，切实保护消费者权益。同时，对于合规生产的农产品，追溯体系是一种有力的品质证明，能够显著提升产品的市场信誉和竞争力。

此外，农产品追溯体系还提高了农产品的透明度和可信度，增强了消费者的信任度和购买意愿。在信息高度透明的今天，消费者越来越关注产品的来源和品质。通过区块链技术，消费者可以轻松获取农产品的"全身"信息，了解产品的生产环境、加工过程、质量检测等，从而做出更加明智的购买决策。这种信任的建立，对于推动农产品品牌化、提升农产品附加值具有深远意义。

二、提高农产品透明度

在当今追求食品安全与健康生活的时代背景下，农产品的透明度已成为消费者选择商品时的重要考量因素。区块链技术正逐步成为提升农产品透明度、保障农产品安全的有力工具。河南省应充分利用这一先进技术，为消费者提供详尽、可靠的农产品信息，推动农业生产的标准化、规范化进程，进而提升农产品的市场竞争力。

区块链技术提高农产品透明度的核心在于其强大的信息记录和追溯功能。在农产品的生产、加工、运输和销售等各个环节，区块链都能将关键信息以加密形式记录并存储在分布式账本中，形成一条完整且不可篡改的数据链。这些关键信息涵盖农产品的种植基地、养殖环境、生产标准、质量认证、农药使用记录、化肥种类及用量、生长周期、收获日期、加工流程、物流详情、销售地点等。消费者只需扫描产品上的二维码或输入相关信息，即可轻松获取这些详细信息，实现对农产品从田间到餐桌的全链条追溯。

对于消费者而言，提高农产品的透明度意味着拥有更多的选择权和知情权。通过区块链技术，消费者可以查询到农产品的种植基地位置、土壤质量、水源状况、养殖环境等自然条件，了解农产品的生长环境是否适宜，是否遵循了生态友好的生产原则。同时，消费者还能了解到农产品的生产标准和质量认证情况，比如是否通过了 ISO、HACCP 等国际质量认证，是否获得了绿色食品、有机食品等认证标志，从而判断农产品的品质和安全性。这些信息为消费者提供了决策依据，帮助他们选择更加安全、健康的农产品，提升生活品质。

提高农产品的透明度不仅满足了消费者的需求，也促进了农业生产的标准化和规范化发展。同时，农产品的标准化生产也有助于提升其市场竞争力，使优质农产品更容易获得消费者的认可和青睐，促进农业产业的可持续发展。

此外，提高农产品的透明度还能增强消费者对农产品的信任感。在信息高度透明的今天，消费者越来越注重产品的来源和品质。通过区块链技术，消费者可以清晰地了解农产品的生产全过程，掌握产品的真实情况，从而建立起对农产品的信任。这种信任感的建立，对于提升农产品的品牌知名度和美誉度具有重要意义，有助于推动农产品向品牌化、高端化方向发展。

三、打击假冒伪劣农产品

在农产品市场中，假冒伪劣产品的存在犹如一颗毒瘤，不仅严重侵害了消费者的合法权益，还极大地损害了农业生产的形象和声誉。这些假冒伪劣产品常常以次充好，甚至含有有害物质，对消费者的健康构成严重威胁。同时，它们的存在也扰乱了市场秩序，破坏了公平竞争的环境，使正规生产的农产品面临不公的竞争压力。因此，打击假冒伪劣农产品，维护农产品市场的健康与秩序，是保障消费者权益、促进农业可持续发展的重要使命。区块链技术为打击假冒伪劣农产品提供了强有力的技术支持，通过建立农产品追溯体系，实现对农产品的真伪验证和全程追溯，成为打击假冒伪劣农产品的有力武器。

在农产品的生产、加工、运输和销售等各个环节，区块链技术都能将关键信息以加密形式记录并存储在分布式账本中，形成一条完整且不可篡改的数据链。这些信息涵盖农产品的种植基地、养殖环境、生产标准、质量认证、生产日期、批次号、物流详情等。一旦消费者或监管机构发现疑似假冒伪劣农产品，只需扫描产品上的二维码或输入相关信息，即可迅速追溯到该农产品的生产源头和销售环节，查看其全生命周期的详细记录。这种追溯能力不仅为消费者提供了验证农产品真伪的便捷途径，也为监管机构提供了打击假冒伪劣农产品的有力证据。

一旦发现假冒伪劣农产品，监管机构可以立即启动调查程序，依据追溯体系提供的信息，迅速锁定生产源头和销售环节，依法采取相应措施进行打击和处罚。这不仅能有效遏制假冒伪劣农产品的生产和销售，还能对潜在的违法者起到震慑作用，维护农产品市场的公平与秩序。

同时，区块链技术建立的追溯体系还能提升农产品的整体质量和市场竞争力。在追溯体系的监督下，农业生产者需要更加严格地遵守生产标准和规范，确保农产品的质量和安全。这有助于淘汰那些生产条件差、产品质量低劣的生产者，推动整个农业产业链向更高质量、更高效率的方向发展。对于正规生产的农产品而言，追溯体系提供了一种品质证明，能够显著提升产品的市场信誉和竞争力，使优质农产品更容易获得消费者的认可和青睐。

第四章 河南省农业绿色低碳转型面临的
挑战与对策建议

河南省在推进农业绿色低碳转型的进程中，面临着多方面的挑战。为应对这些挑战，需从技术研发、资金投入与政策扶持、农民培训与意识提升、法律法规与标准体系建设、跨区域合作与经验交流等多方面着手，形成合力，共同推动农业绿色低碳转型的深入实施。

第一节 技术挑战与研发方向

河南省作为我国重要的粮食生产基地，在推动农业绿色低碳转型的过程中面临着诸多技术挑战，因此需要明确研发方向以应对这些挑战。具体而言，要阐明数字技术如何赋能农业绿色低碳转型的理论基础，分析当前面临的现实困境，并探索优化路径，为实现农业可持续发展提供科学的理论指导和可行的实践方案。[①]

---

① 周子铭，高鸣.数字技术赋能农业绿色低碳转型：理论基础、现实困境与路径优化［J］.四川农业大学学报，2024（5）：927-933.

一、技术挑战

（一）化肥农药过度使用

河南省农业生产对化肥、农药的依赖程度较高，这一长期存在的问题严重制约了农业绿色发展。农户在生产实践中，习惯于大量施用化肥农药以追求增产，但过度使用已导致严重的农业环境污染。化肥和农药的残留不仅污染土壤和水源，还通过食物链传递至人类，威胁食品安全和人体健康。此外，化肥和农药的生产过程消耗大量能源和资源，增加农业碳排放，加剧全球气候变化。

面对这一挑战，河南省需在保证粮食产量的同时，减少化肥和农药使用量，降低农业碳排放。一方面，要加强对农民的培训和指导，提高他们的环保意识和科学种田水平，引导他们逐步减少化肥农药的使用。另一方面，需大力推广有机肥料、生物农药等环保型农业投入品，以及精准施肥、病虫害绿色防控等先进技术，减少化肥农药对环境的污染。同时，建立健全农业废弃物回收和处理体系，将废弃物转化为有机肥料等资源，实现资源化利用。

然而，转型过程并非易事。农民长期形成的生产习惯难以立即改变，且环保型农业投入品和先进技术的推广需要大量资金和技术支持。因此，政府需加大对农业绿色低碳转型的投入和扶持力度，提供资金、技术等方面的支持，确保转型顺利进行。

（二）农业废弃物资源化利用不足

河南省农业废弃物如秸秆、禽畜粪便等的利用率相对较低。这些废弃物若处理不当，不仅会造成环境污染，还会浪费宝贵资源。秸秆焚烧、禽畜粪便随意排放等问题已严重破坏农村生态环境，影响农民的生活质量和身体健康。同时，这些废弃物富含有机质和养分，若能得到充分利用，既可减少环境污染，又可提高土壤肥力和农产品品质。

因此，提高农业废弃物的资源化利用率，将其转化为有价值资源，成为河南省农业绿色低碳转型的另一重要挑战。一方面，要加强对农业废弃物收集、储存和运输等环节的管理和监管，防止农业废弃物随意排放和污染环境。另一方面，需大力推广农业废弃物资源化利用技术，如秸秆还田、秸秆饲料化利用、禽畜粪便发酵等，将废弃物转化为有机肥料、饲料等资源。同时，需加强农业废弃物的综合利用和产业化发展，推动资源化利用向规模化、产业化方向迈进。

然而，这一转型过程也面临诸多困难。农业废弃物的收集、储存和运输需投入大量人力、物力和财力，增加转型成本和难度。农业废弃物资源化利用技术需不断研发和创新，以适应不同地区生产条件和需求。此外，农业废弃物的综合利用和产业化发展也需要政府引导和支持，以推动资源化利用向更高层次、更广领域发展。

（三）农业科技创新水平仍需提高

河南省在农业科技创新方面的投入不足，导致整体科技水平相对落后，制约了低碳农业技术的研发和推广，使河南省在农业绿色低碳转型方面缺乏有力的技术支撑。当前，河南省的农业科技创新主要存在以下几个方面的问题。

第一，科技创新能力不足。河南省的农业科研机构数量较少，科研力量和水平相对较低，难以满足农业绿色低碳转型的需求。同时，由于农业科技创新投入不足，科研机构缺乏足够的资金和设备支持，难以开展高水平的科研活动。

第二，科技成果转化不畅。河南省的农业科技成果转化机制尚不完善，科研成果转化为生产力的效率较低。一方面，科研成果的推广和应用需要大量资金和技术支持，而政府和企业在这方面的投入不足；另一方面，由于河南省的农业生产条件相对复杂多样，科研成果的推广和应用需要适应不同地区的生产条件和需求，面临较大困难。

第三，科技创新人才短缺。河南省的农业科技创新人才数量不足，质量不高，难以满足农业绿色低碳转型的需求。一方面，农业科技创新需要跨学科、跨领域的复合型人才，而河南省在这方面的人才储备较少；另一方面，农业科技创新需要长期投入和耐心研究，但当前社会对农业科技创新的重视程度不够，导致人才流失和短缺问题日益突出。

因此，加强农业科技创新，提高关键低碳农业技术的研发能力，成为河南省农业绿色低碳转型的又一关键挑战。一方面，需要加大对农业科技创新的投入和扶持力度，提高科研机构的科研水平和创新能力；另一方面，需要完善农业科技成果转化机制，推动科研成果向生产力转化。同时，还需加强农业科技创新人才的培养和引进工作，为农业绿色低碳转型提供有力的人才保障。

（四）农业生产经营规模分散

河南省农业生产地块小、土地细碎化，导致低碳技术措施的实施成本极高，农民缺乏采用低碳技术的积极性，制约了河南省农业绿色低碳转型的推进，影响了农业生产的效率和效益。

农业生产地块小、土地细碎化是河南省农业生产面临的主要问题之一。土地细碎化使得农民在种植和管理过程中需要投入更多的人力、物力和财力，增加了生产成本。同时，地块小使得农民难以采用先进的农业机械化和自动化设备，降低了生产效率。此外，土地细碎化还使得农民难以形成规模化的生产和经营，难以享受规模经济带来的效益。

低碳技术措施的实施需要一定的规模和条件，而河南省农业生产地块小、土地细碎化的现状使得这些措施的实施成本极高。农民在面临高昂的实施成本时，往往缺乏采用低碳技术的积极性。同时，农民对低碳技术的了解不足，缺乏科学种田的知识和技能，也使得低碳技术难以在农业生产中得到广泛应用。

因此，如何在保持粮食产量的同时，实现农业生产规模的适度集中，降低低碳技术的实施成本，成为河南省农业绿色低碳转型面临的又一难题。一方面，需要加强对农民的宣传和培训，提高他们的环保意识和科学种田水平，引导他们采用低碳技术措施；另一方面，需要通过土地流转等方式，实现农业生产规模的适度集中，降低低碳技术的实施成本。同时，还需加强农业社会化服务体系建设，为农民提供全方位的技术支持和服务保障，推动农业绿色低碳转型的顺利进行。

然而，这一转型过程也面临诸多困难和挑战。土地流转等政策的实施需要政府的有力推动和监管，以确保农民权益得到保障。农业生产规模的适度集中需要农民的合作和协作，而当前农民之间的合作意识和协作能力相对较弱。此外，农业社会化服务体系建设需要大量资金和技术支持，而政府在这方面的投入有限。因此，政府需加大对农业绿色低碳转型的投入和扶持力度，提供资金、技术等方面的支持；同时，还需加强农民之间的合作和协作，提高农民的组织化程度和合作意识，为农业绿色低碳转型提供有力的支撑和保障。

二、研发方向

面对河南省农业绿色低碳转型的迫切需求，明确研发方向并加大技术研发投入至关重要。这不仅有助于克服当前的技术挑战，还能为农业可持续发展提供有力支撑。

（一）研发低碳农业技术

在化肥农药减量增效方面，河南省应重点研发精准施肥技术和生物防治技术。精准施肥技术利用现代信息技术，如卫星遥感、物联网等，对农田进行实时监测和数据采集，实现肥料施用的精准定位、定量和定时。此技术能显著提高肥料利用率，减少化肥过量施用，降低土壤和水体污染风险。同时，结合土壤养分测试技术，可制定个性化施肥方案，满足不同作物和土壤类型的养分需求。生物防治技术则利用生物或其产物来控制有害生物，具有环保、安全、可持续等优点，能有效减少农药使用量。河南省应加大生物农药研发力度，筛选出高效、广谱、低毒的生物农药品种，并推广其应用。此外，还可利用天敌、微生物等自然力量控制害虫和病害，实现农业生态系统的平衡和稳定。

在农业废弃物资源化利用方面，河南省应重点研发秸秆还田技术和禽畜粪便发酵技术。秸秆还田技术将秸秆直接还入农田，可增加土壤有机质含量，改善土壤结构，提高土壤肥力。河南省应推广秸秆粉碎还田、秸秆覆盖还田等技术模式，并结合不同作物和土壤条件，制定适宜的秸秆还田方案。禽畜粪便发酵技术则将禽畜粪便转化为有机肥料和生物能源，通过发酵处理可杀死粪便中的病原菌和寄生虫卵，减少环境污染，同时产生沼气等可再生能源，为农村提供清洁能源。河南省应加大禽畜粪便发酵技术研发力度，提高发酵效率和产品质量，并推广其应用。

（二）加强农业科技创新

河南省应加大农业科技创新投入力度，提高关键低碳农业技术研发能力。这包括建立稳定的科研经费投入机制，鼓励企业、高校和科研院所等多元化主体参与农业科技创新；加强科研团队建设，培养一批具有国际视野和创新能力的农业科技人才；加强国际合作与交流，引进国外先进的农业技术和管理经验。

为了加快绿色科技成果转化，河南省应加强与高校、科研院所等机构的合作与交流，通过产学研用紧密结合，形成市场化管理的新技术研发联合体，推动绿色科技成果的产业化应用。同时，建立完善的科技成果转化机制和政策体系，为科技成果转化提供有力保障。例如，设立科技成果转化专项基金，支持绿色科技成果的转化和示范推广工作；建立科技成果转化服务平台，为科技成果供需双方提供信息交流和对接服务。

（三）推动农业生产经营规模适度集中

为了降低低碳技术实施成本并提高农业生产效率，河南省应通过土地流转等方式实现农业生产规模的适度集中。这包括建立健全土地流转市场和服务体系，为农民提供土地流转的信息咨询、合同签订、纠纷调解等服务；鼓励农民以股份合作、租赁等方式流转土地经营权，实现土地资源的优化配置和适度规模经营。

在推动农业生产经营规模适度集中的过程中，河南省还应积极培育新型农业经营主体，包括家庭农场、农民合作社、农业企业等多元化经营主体。通过政策扶持和资金支持等措施，鼓励这些主体发展适度规模经营和专业化生产；加强对其培训和指导，提高其经营管理水平和科技应用能力；推动其参与农业社会化服务体系建设，为农民提供全方位的技术支持和服务保障。

（四）构建农业碳汇体系

为了提高农田碳汇能力，河南省应积极探索农田生态系统固碳技术，包括农田防护林建设、耕作制度改进等措施。农田防护林建设可增加农田植被覆盖度，提高土壤有机质含量和碳储量，同时改善农田小气候和生态环境，提高农作物产量和品质。耕作制度改进则可通过调整耕作方式、轮作休耕等措施减少土壤侵蚀和养分流失，提高土壤固碳能力。

除了探索农田生态系统固碳技术外，河南省还应积极研发农业碳捕集和利用技术，将农业碳排放转化为有价值的资源，实现碳的循环利用。例如，利用生物工程技术将农作物秸秆等生物质资源转化为生物燃料或生物基化学品；利用微生物技术将禽畜粪便等有机废弃物转化为沼气或有机肥料等。通过研发和应用这些技术，不仅可减少农业碳排放量，还可为农村提供清洁能源和有机肥料等资源。

（五）推动农业绿色低碳技术的集成应用与创新

在推动农业绿色低碳转型的过程中，应注重技术的集成应用和创新。通过将化肥农药减量增效技术、农业废弃物资源化利用技术、农田生态系统固碳技术等关键技术进行集成应用和创新，形成一套完整的农业绿色低碳技术体系。此技术体系可提高农业生产效率和产品质量，减少环境污染和资源浪费，实现农业可持续发展。

为了实现技术的集成应用和创新，河南省应加强农业绿色低碳技术的研发和推广力度；加强与其他地区的合作与交流，引进先进的农业技术和管理经验；加强与国际社会的合作与交流，推动农业绿色低碳技术的国际化和标准化进程；加强对农民的培训和指导，提高其环保意识和科技应用能力；加强对农业企业的引导和支持，推动其积极参与农业绿色低碳转型和产业化应用。

第二节　资金投入与政策扶持

河南省在推进农业绿色低碳转型的过程中，面临着资金投入不足和政策扶持力度不够等挑战。这些挑战不仅限制了农业绿色低碳技术的研发和应用，也影响了农业基础设施的升级和改造，进而制约了农业绿色低碳转型的全面推进。为了克服这些挑战，政府需加大资金投入、完善政策扶持体系、并加强政策宣传和培训，为农业绿色低碳转型提供有力保障。

一、面临的挑战

（一）资金投入不足

在推进农业绿色低碳转型的过程中，河南省资金投入不足的问题日益凸显。农业绿色低碳转型涉及技术研发、设备更新、基础设施建设等多个方面，需要长期持续的资金支持。然而，现有的资金投入渠道和规模难以满足这一庞大需求，不仅限制了农业绿色低碳技术的研发和应用，也影响了农业基础设施的升级和改造。

农民作为农业生产的主体，其收入水平相对较低，难以承担绿色低碳转型所需的成本。推进农业绿色低碳转型需要农民购买新的农业设备、采用新的农业技术，以及改善农业生产环境等，这些都需要大量的资金投入。但由于农民收入水平有限，往往难以承担这些费用，因此在推进农业绿色低碳转型时面临较大的经济压力。

此外，农业绿色低碳转型的长期性和不确定性也是社会资本投资意愿不强的重要原因。农业绿色低碳转型需要长期持续的资金投入，且回报周期较长，增加了社会资本的投资风险。同时，由于农业绿色低碳转型涉及的技术和模式尚不成熟，存在一定的不确定性，这也使得社会资本对农业绿色低碳转型持谨慎态度。

（二）政策扶持力度不够

尽管河南省政府出台了一系列支持农业绿色低碳转型的政策措施，但政策扶持力度仍然不够，难以满足实际需求。

在税收优惠政策方面，政府虽然出台了一些针对农业绿色低碳转型的税收减免政策，但这些政策的覆盖面和优惠力度有限。一些关键的农业绿色低碳技术和设备未能纳入税收优惠范围，导致企业或个人在采用这些技术和设备时无法享受到足够的税收减免优惠，从而限制了农业绿色低碳技术的推广和应用，也影响了社会资本的投资意愿。

在财政补贴政策方面，政府虽然提供了一定的财政补贴支持农业绿色低碳转型，但补贴力度和范围仍有待提高。一些关键的农业绿色低碳项目和试点未能获得足够的财政补贴支持，导致这些项目和试点在推进过程中面临资金短缺问题。同时，财政补贴政策的执行效率和效果也存在一定问题，部分补贴资金未能及时到位或未能充分发挥作用，影响了农业绿色低碳转型的进度和效果。

在金融支持政策方面，政府虽然出台了一些支持农业绿色低碳转型的金融政策，但这些政策的覆盖面和支持力度仍有待加强。一些关键的农业绿色低碳技术和设备在融资过程中面临较大困难，难以获得足够的资金支持。同时，金融支持政策的执行效率和效果也存在一定问题，部分企业和个人在申请金融支持时面临烦琐的程序和较高的门槛，影响了他们参与农业绿色低碳转型的积极性。

此外，政策的执行效果也存在一定问题。部分政策在执行过程中存在落实不到位、监管不力等情况，导致政策执行效果未能充分发挥。一些地方政府在推进农业绿色低碳转型时缺乏足够的执行力和监管能力，导致政策在执行过程中出现偏差和漏洞。

另外，政策宣传和推广不足也是导致政策扶持力度不够的重要原因。一些地方政府在推进农业绿色低碳转型时缺乏足够的宣传和推广力度，导致农民和企业对政策认识不足，影响了政策的实施效果。

二、对策建议

（一）加大资金投入，拓宽融资渠道

政府应加大对农业绿色低碳转型的资金投入力度，通过设立专项基金、增加财政补贴等方式，为农业绿色低碳转型提供坚实的资金支持。这些资金可用于支持农业绿色低碳技术的研发、农业基础设施的升级改造、农业废弃物的资源化利用等方面。同时，政府可设立农业绿色低碳转型奖励基金，对在转型过程中取得显著成效的企业和个人给予奖励，以激励他们积极参与农业绿色低碳转型。

为了拓宽融资渠道，政府应鼓励社会资本参与农业绿色低碳转型项目。通过政府与社会资本合作（PPP）等模式，引导社会资本投向农业绿色低碳领域。政府可提供一定的政策支持和保障，降低社会资本的投资风险，提高其投资意愿。此外，政府还可建立农业绿色低碳转型项目投资引导基金，通过市场化运作方式，吸引社会资本参与农业绿色低碳转型项目的投资。

为降低农业绿色低碳转型的成本和风险，政府应加强对相关项目的金融支持。政府可与金融机构合作，推出针对农业绿色低碳转型项目的专项贷款产品，降低企业的融资成本。同时，政府还可建立农业绿色低碳转型项目风险补偿机制，对转型过程中出现的风险进行补偿，降低企业的投资风险。

（二）完善政策扶持体系，提高政策执行效率

政府应制定和完善支持农业绿色低碳转型的政策措施，这些政策措施应涵盖农业绿色低碳转型的各个方面，包括技术研发、设备更新、基础设施建设以及农业废弃物的资源化利用等。同时，政府还应根据农业绿色低碳转型的实际情况，不断调整和完善政策措施，确保政策的针对性和有效性。

为确保政策能够真正落到实处，政府应加强对政策执行情况的监督和评估。政府应建立健全政策执行监督机制，对政策执行不力的单位和个人进行问责，确保政策的严肃性和权威性。具体而言，可以通过以下措施提升政策执行效率：①建立政策执行评估体系，政府应设立专门的评估机构，定期对农业绿色低碳转型政策的执行效果进行评估，确保政策目标的实现。评估结果应及时向社会公开，接受公众监督。②加强部门协作，农业绿色低碳转型涉及多个部门，政府应加强各部门之间的协调与合作，避免政策执行中的推诿和重复劳动，确保政策的高效落实。③引入第三方监督机制，政府可以引入独立的第三方机构对政策执行情况进行监督，确保政策执行的透明性和公正性。

为激发农民和企业的积极性，政府应建立农业绿色低碳转型的激励机制。政府可通过设立农业绿色低碳转型示范项目，引导农民和企业积极参与示范项目的建设，推动农业绿色低碳转型的深入实施。具体措施包括：①财政补贴和税收优惠，对参与农业绿色低碳转型的农民和企业提供财政补贴和税收优惠政策，降低其转型成本，增强其参与意愿。②绿色金融支持，鼓励金融机构开发绿色金融产品，为农业绿色低碳转型项目提供低息贷款和融资支持，解决资金短缺问题。③示范项目奖励机制，对在农业绿色低碳转型中表现突出的示范项目给予奖励，树立典型，带动更多农民和企业参与。

（三）加强政策宣传和培训，提升认知度和参与度

政府应加强对农业绿色低碳转型政策的宣传和解读，提高农民和企业的认知度和参与度。政府可利用多种渠道和方式，如媒体宣传、政策宣讲会等，广泛宣传农业绿色低碳转型政策的内容和意义。具体措施包括：①多渠道宣传，通过电视、广播、报纸、网络等多种媒体渠道，广泛宣传农业绿色低碳转型政策的内容、目标和意义，确保政策信息能够覆盖到广大农村地区。②政策宣讲会，定期组织政策宣讲会，邀请政策制定者和专家深入农村，面对面为农民和企业解读政策，解答疑问，增强政策的透明度和可操作性。③典型案例宣传，通过宣传农业绿色低碳转型的成功案例，展示转型带来的经济效益和生态效益，增强农民和企业的信心和参与意愿。

为提升农民和企业的专业技能和知识水平，政府应组织开展农业绿色低碳转型的培训和交流活动。政府可邀请专家进行专题讲座和技能培训，提高农民和企业的专业技能；组织农民和企业参加国内外的农业绿色低碳转型交流活动，学习借鉴先进经验和做法；建立农业绿色低碳转型咨询服务机构，为农民和企业提供政策咨询和技术支持。具体措施包括：①专业技能培训：定期组织农业绿色低碳转型的技能培训，邀请农业专家和技术人员为农民和企业讲解绿色农业技术、低碳农业模式以及废弃物资源化利用等知识，提升其实际操作能力。②国内外交流活动：组织农民和企业参加国内外的农业绿色低碳转型交流活动，学习先进的技术和管理经验，拓宽视野，提升转型能力。③咨询服务支持：建立农业绿色低碳转型咨询服务机构，为农民和企业提供政策咨询、技术指导和市场信息等服务，帮助其解决转型过程中遇到的实际问题。

通过完善政策扶持体系、加强政策宣传和培训，政府能够有效推动农业绿色低碳转型的深入实施，提升农民和企业的参与度，为实现农业可持续发展和生态文明建设奠定坚实基础。

第三节　农民培训与意识提升

农民培训与意识提升是推动农业绿色低碳转型的关键举措。通过加强农民培训，提高他们的专业技能和环保意识，可以深入推动农业绿色低碳转型的实施。同时，建立农民培训与意识提升的长效机制，能够确保转型工作的持续性和有效性。因此，应高度重视农民培训与意识提升工作，加大投入，创新培训方式，提升培训效果，为农业绿色低碳转型提供坚实的人才保障。

一、农民培训的重要性

在农业绿色低碳转型的过程中，农民不仅是这一转型的直接参与者，更是实现农业可持续发展的核心力量。他们的技能水平、知识结构和环保意识，不仅影响着农业生产的效率和效益，更直接关系到农业绿色低碳转型的成功与否。因此，加强农民培训，提升他们的专业技能和环保意识，既是推动农业绿色低碳转型的必然要求，也是实现农业高质量发展的重要支撑。

首先，农民的专业技能是农业绿色低碳转型的基石。随着科技的进步和农业现代化的推进，传统的农业生产方式已难以满足现代农业的需求。农业绿色低碳转型要求农民掌握先进的农业技术和管理方法，如精准农业、生态农业、循环农业等。这些新技术和新方法的应用，不仅能提高农业生产的效率和效益，还能减少对环境的污染和破坏。然而，掌握和应用这些新技术和新方法，需要农民具备一定的专业知识和技能。因此，加强农民培训，提升他们的专业技能，是农业绿色低碳转型的基础所在。

其次，农民的知识结构是农业绿色低碳转型的支撑点。农业绿色低碳转型不仅要求农民掌握先进的农业技术和管理方法，还要求他们具备全面的农业知识和较强的环保意识。只有了解农业生态系统的运行规律和环境污染的成因及危害，农民才能更好地应用新技术和新方法，实现农业的绿色低碳发展。因此，加强农民培训，拓宽他们的知识面，提升他们的环保意识，是农业绿色低碳转型的重要支撑。

最后，农民的环保意识是农业绿色低碳转型的保障线。农业绿色低碳转型的核心在于减少农业生产对环境的污染和破坏，实现农业与环境的和谐共生。这要求农民具备强烈的环保意识和责任感，能够自觉遵守环保法规，主动采取环保措施，减少农业生产对环境的影响。然而，由于历史原因和地域差异，部分农民的环保意识相对较弱，对环保法规的了解也不够深入。因此，加强农民培训，提升他们的环保意识，是确保农业绿色低碳转型成功的重要保障。

二、农民培训的内容

在农业绿色低碳转型的背景下，农民培训成为推动这一进程的关键力量。培训内容的科学性和实用性，直接关系到农民能否真正掌握先进的农业技术，提升环保意识，以及准确理解和执行相关政策法规。以下是对农民培训内容的详细探讨，主要包括专业技能培训、环保知识普及和政策法规解读三个方面。这些培训内容不仅有助于推动农业绿色低碳转型，还能提升农民的整体素质和幸福感。

（一）专业技能培训

专业技能培训是农民培训的核心内容，旨在提高农民的生产效率和资源利用效率，以适应农业绿色低碳转型的需求。

随着科技的进步，越来越多的新型农业技术被应用于农业生产中，如智能灌溉系统、无人机喷洒农药、精准施肥技术等。政府应组织专家和技术人员，通过现场示范、视频教学、在线课程等多种形式，向农民传授这些技术的使用方法和注意事项。同时，设立技术咨询热线，随时解答农民在使用过程中遇到的问题，确保他们能够熟练掌握并应用这些技术。

农业废弃物，如秸秆、畜禽粪便等，若处理不当，会对环境造成污染。然而，通过科学的资源化利用，这些废弃物可以转化为有价值的资源。培训内容应涵盖废弃物收集、储存、运输、加工和再利用的全过程，以及相关技术和设备的使用。例如，介绍秸秆如何通过生物质发电、饲料加工等方式进行资源化利用；畜禽粪便如何通过堆肥发酵、厌氧消化等方式转化为有机肥料或生物能源。

生态农业是一种可持续的农业生产方式，强调保护生态环境、促进生物多样性、减少化学农药和化肥的使用。培训内容应包括生态农业的基本原理、实践方法和成功案例。例如，通过轮作、间作、套种等种植制度减少病虫害的发生，提高土壤肥力；通过生物防治、物理防治等绿色防控技术减少化学农药的使用；通过有机肥替代化肥，改善土壤结构，提高农产品品质。

（二）环保知识普及

环保知识普及是农民培训的重要组成部分，旨在增强农民的环保意识，使他们认识到农业绿色低碳转型的重要性和紧迫性。

培训内容应详细阐述农业污染的危害，包括农药、化肥的过度使用对土壤、水源和生物多样性的破坏，农业废弃物的随意丢弃对环境的污染，以及农业活动对气候变化的影响等。通过生动的案例和科学的数据，使农民深刻认识到农业污染对生态环境和人类健康的危害，从而激发他们的环保意识和责任感。

培训内容还应包括与农业绿色低碳转型相关的环保法律法规，如《中华人民共和国环境保护法》《中华人民共和国土壤污染防治法》《农药管理条例》等。通过讲解这些法律法规的内容和精神，使农民了解自己在农业生产中的环保责任和义务，以及违法行为的法律责任。同时，向农民介绍环保执法部门的联系方式和举报渠道，鼓励他们积极参与环保监督，共同维护生态环境。

此外，培训内容还应涵盖农业废弃物的科学处理方法，如通过堆肥发酵、厌氧消化等方式处理畜禽粪便，通过焚烧（需符合环保要求）、填埋或资源化利用等方式处理农作物秸秆，以及通过生物降解或化学处理等方式处理农药包装废弃物等。

（三）政策法规解读

政策法规解读是农民培训的重要一环，旨在帮助农民了解政策内容、掌握政策精神，提高他们的政策执行力和参与度。

首先，培训内容应介绍农业绿色低碳转型的政策背景，包括国家层面的政策导向、地方政府的实施计划和具体措施等。通过讲解这些政策背景，使农民认识到农业绿色低碳转型的重要性和紧迫性，以及政府在推动这一进程中的决心和力度。

其次，培训内容还应详细解读与农业绿色低碳转型相关的政策法规的具体内容，如国家关于农业绿色发展、生态农业、农业废弃物资源化利用等方面的政策文件，以及地方政府关于农业面源污染治理、农业节水灌溉、农业碳排放减排等方面的实施方案和具体措施等。

最后，培训内容应包括如何提升农民的政策执行力和参与度。例如，通过组织农民参加政策宣讲会、座谈会等活动，使他们更加深入地了解政策内容和精神；通过建立农民合作社、农业协会等组织，加强农民之间的交流和合作，共同推动政策的实施；通过设立政策咨询热线、在线服务平台等渠道，为农民提供便捷的政策咨询和服务。同时，鼓励农民积极参与政策制定和评估过程，提出自己的意见和建议，推动政策的不断完善和优化。

三、农民培训的方式

在推进农业绿色低碳转型的进程中，农民作为农业生产的主体，其知识水平和技能掌握程度直接关乎转型的成败。因此，加强对农民的培训，提升其绿色低碳生产技能，是实现农业可持续发展的重要一环。通过线上培训、线下培训以及合作社与龙头企业带动等多种方式相结合，可以不断提升农民的绿色低碳生产技能和市场竞争力。

（一）线上培训

随着互联网的普及和移动通信技术的迅猛发展，线上培训已成为农民培训的重要方式之一。它打破了传统培训的时空限制，使农民能够随时随地获取所需的农业知识和技术。

各大在线教育平台纷纷推出针对农民的在线课程，内容涵盖农业绿色低碳转型的各个方面。这些课程通常由农业专家、学者或实践经验丰富的农民录制，讲解深入浅出，易于理解。农民可根据自己的兴趣和需求选择相应的课程进行学习，并通过在线测试、作业等方式检验学习效果。

直播讲座是另一种备受欢迎的线上培训方式。通过直播平台，农业专家、学者或成功转型的农民可以实时分享他们的经验和知识。农民可在直播过程中提问，与讲师进行互动交流，从而更深入地了解农业绿色低碳转型的实践方法和成效。直播讲座不仅具有即时性，还支持回放观看，方便农民随时复习和巩固所学知识。

远程咨询为农民提供了与农业专家直接沟通的渠道。农民可以通过电话、微信、邮件等方式向专家咨询农业绿色低碳转型中遇到的问题和困惑。专家会根据农民的具体情况提供个性化的解决方案和建议，帮助农民更好地应对转型过程中的挑战。

线上培训的优势在于其便捷性和高效性。农民无需离开家乡，就能接受到来自全国各地的优质教育资源。同时，线上培训还能降低培训成本，提高培训效率。然而，线上培训也存在一些局限性，如缺乏现场感、互动性差等。因此，在实际应用中，需结合线下培训等方式进行补充和完善。

（二）线下培训

尽管线上培训具有诸多优势，但线下培训在农民培训中仍然占据重要地位。线下培训通过现场示范、实地观摩、互动交流等方式，使农民更加直观地了解农业绿色低碳转型的实践方法和成效。

现场示范是线下培训中最直观的方式之一。农业专家或成功转型的农民会在田间地头进行实地操作演示，如有机肥料的使用、病虫害的绿色防控等。农民可以近距离观察和学习专家的操作技巧和方法，并有机会亲自尝试和实践。这种方式能够迅速提升农民的实操能力，使其更好地掌握绿色低碳生产技术。

实地观摩是另一种有效的线下培训方式。农业合作社或龙头企业会组织农民前往已经成功实现绿色低碳转型的农场或企业进行参观学习。通过实地观摩，农民可以深入了解绿色低碳农业的生产模式、管理模式以及市场效益等方面的信息。这有助于激发农民对绿色低碳农业的兴趣和信心，推动其积极参与农业转型实践。

互动交流是线下培训中不可或缺的一环。在培训过程中，农民可以与专家、学者以及其他农民进行面对面的交流和讨论。这不仅可以促进知识的共享和传播，还可以帮助农民解决在实际生产中遇到的问题和困惑。通过互动交流，农民可以建立更加紧密的联系和合作关系，共同推动农业绿色低碳转型的深入实施。

线下培训的优势在于其直观性和实践性。农民可以通过现场示范和实地观摩直观地了解绿色低碳农业的实践方法和成效；通过互动交流与其他农民建立联系和合作关系，共同推动转型实践。然而，线下培训也存在一些局限性，如培训成本较高、覆盖面有限等。因此，在实际应用中，需结合线上培训等方式进行互补和优化。

（三）合作社与龙头企业带动

农业合作社和龙头企业在农业绿色低碳转型中发挥着举足轻重的作用。它们不仅自身积极参与转型实践，还通过组织培训活动等方式带动周边农民共同参与转型。这种"传帮带"的方式有助于形成良好的转型氛围和机制。

农业合作社作为农民自愿组成的互助性经济组织，在农民培训中具有独特的优势。合作社可以根据成员的需求和实际情况组织针对性的培训活动，例如针对某个特定作物或养殖品种开展专项培训，邀请专家进行实地指导和答疑等。通过合作社组织的培训活动，农民可以更加深入地了解绿色低碳农业的实践方法和成效，并与其他成员分享经验和心得。

龙头企业作为农业产业链中的重要环节，其转型实践对周边农民具有很强的示范引领作用。龙头企业可以通过分享自身的成功案例和经验来激发农民对绿色低碳农业的兴趣和信心。同时，龙头企业还可以与合作社或政府部门合作，共同组织培训活动或提供技术支持。

为了形成更加有效的"传帮带"机制，需要加强对合作社和龙头企业的引导和支持。政府可以通过提供资金、技术、政策等方面的支持来鼓励合作社和龙头企业积极参与农民培训活动。同时，还需要建立健全的激励和约束机制，确保合作社和龙头企业能够切实履行其社会责任和义务。此外，还可以通过建立农民互助组织、搭建信息共享平台等方式来加强农民之间的交流和合作，共同推动农业绿色低碳转型的深入实施。

合作社与龙头企业带动的方式在农民培训中具有独特优势。它们不仅自身具备丰富的实践经验和资源积累，还能够通过组织培训活动等方式带动周边农民共同参与转型。这种"传帮带"的方式有助于形成良好的转型氛围和机制，推动农业绿色低碳转型的深入实施和广泛传播。然而，在实际应用中，也需要注意防范一些潜在的问题和风险，例如确保合作社和龙头企业的培训活动符合农民的实际需求和利益诉求，加强对培训质量和效果的评估和反馈等。

四、农民意识提升的策略

在推动农业绿色低碳转型的进程中，提升农民的绿色意识至关重要。只有让农民充分认识到转型的重要性和必要性，并主动参与转型实践，才能确保转型工作的顺利推进和持续发展。通过加强宣传教育、树立典型示范和建立反馈机制等策略，可以逐步改变农民的传统观念，提高他们的认知度和参与度，激发他们的参与热情。

（一）加强宣传教育

政府应加大对农业绿色低碳转型的宣传教育力度，通过多种渠道和形式，广泛传播绿色低碳转型的重要性和意义，提高农民的认知度和参与度。

利用广播、电视、报纸等传统媒体，以及互联网、社交媒体等新媒体，开展形式多样的宣传活动。这些活动可以包括制作专题报道、播放公益广告、发布政策解读等，让农民在日常生活中随时接触到转型的相关信息，增强他们对转型的关注和认识。

组织农业专家、学者以及成功转型的农民代表，开展讲座、研讨会等活动。通过专家的讲解和成功案例的分享，让农民更加深入地了解转型的背景、目标、路径以及可能带来的收益。这些活动还可以为农民提供与专家面对面交流的机会，解答他们在转型过程中遇到的困惑和问题。

制作宣传册、海报、视频等宣传材料，向农民普及绿色低碳农业的知识和技能。这些材料应突出转型的环保效益、经济效益和社会效益，激发农民对转型的兴趣和热情。同时，宣传材料还应提供实用的操作指南和技术支持，帮助农民更好地实施转型实践。

举办宣传教育活动，如环保知识竞赛、绿色低碳农业体验日等，让农民在参与中感受转型的魅力。这些活动应寓教于乐，提高农民的参与度和满意度，进一步推动他们对转型的认知和接受。

（二）树立典型示范

在农业绿色低碳转型过程中，树立一批典型示范户和示范村，通过他们的示范引领作用，可以带动更多农民积极参与转型。

选择一批在转型过程中表现突出、成效显著的农户作为典型示范户。这些农户可以是种植大户、养殖大户或农业合作社成员等，他们在转型实践中积累了丰富的经验和教训。政府可以组织专家对这些农户进行指导和评估，确保他们的转型实践符合绿色低碳农业的要求。同时，通过媒体宣传、现场观摩等方式，广泛宣传典型示范户的转型成果和成功经验，激发其他农民对转型的兴趣和信心。具体措施包括：①专家指导与评估，政府可以邀请农业专家、环保专家和技术人员定期对示范户进行实地考察和技术指导，帮助其优化生产模式，确保其转型实践的科学性和可持续性。②媒体宣传与推广，通过电视、广播、报纸、网络等媒体平台，广泛宣传典型示范户的成功案例，展示其在绿色低碳农业中的创新做法和显著成效，增强其他农民的参与意愿。③现场观摩与经验分享，定期组织其他农民到示范户的田间地头进行现场观摩，学习其先进的生产技术和管理经验，促进经验交流和技术传播。

在全县或全市范围内选择一批具有代表性的村庄作为示范村。这些村庄可以是在生态环境、产业发展、社会事业等方面表现突出的，也可以是正在积极实施转型的。政府可以给予示范村一定的政策支持和奖励，如资金扶持、技术指导、宣传推广等，激励他们继续发挥示范引领作用。同时，通过组织现场观摩、经验交流等活动，让其他村庄学习借鉴示范村的成功经验，推动整个地区的转型工作。具体措施包括：①政策支持与奖励机制，政府可以为示范村提供专项资金支持，用于基础设施建设、技术引进和人才培养等方面。同时，设立奖励机制，对在绿色低碳转型中表现突出的村庄给予表彰和奖励。②技术指导与培训，为示范村提供专业的技术指导和培训服务，帮助其解决转型过程中遇到的技术难题，提升其绿色低碳农业的实施能力。③经验交流与推广，通过组织示范村与其他村庄之间的经验交流活动，推广示范村的成功经验和创新做法，带动更多村庄参与到绿色低碳转型中来。

（三）建立反馈机制

建立农民对农业绿色低碳转型的反馈机制，是确保转型工作更加符合农民实际需求的重要途径。政府应认真听取农民的意见和建议，及时调整和完善相关政策措施。

通过问卷调查、座谈会、网络留言等方式，广泛征集农民对转型工作的意见和建议。这些意见和建议可以涉及转型的目标、路径、政策措施等方面。政府应确保意见征集活动的广泛性和代表性，让尽可能多的农民参与其中。具体措施包括：①问卷调查，设计科学合理的问卷，涵盖农民对绿色低碳农业的认知、需求、困难和建议等方面，确保调查结果的全面性和准确性。②座谈会，定期组织农民代表、村干部和农业专家召开座谈会，面对面听取农民的意见和建议，深入了解其实际需求和困难。③网络留言与互动，利用政府网站、微信公众号等网络平台，开设意见征集专栏，方便农民随时随地进行反馈。

对收集到的意见和建议进行认真梳理和分析，找出其中的共性问题和个性问题。对于共性问题，政府应高度重视，及时研究制定针对性的政策措施；对于个性问题，政府也应给予关注和回应，尽量满足农民的合理需求。具体措施包括：①共性问题的解决，针对农民普遍反映的问题，如资金短缺、技术不足等，政府应制定统一的政策措施，确保问题得到有效解决。②个性问题的回应，对于农民提出的个性化需求，政府应给予关注和回应，尽量满足其合理需求，增强农民的获得感和满意度。

根据农民的意见和建议，及时调整和完善相关政策措施。这些政策措施可以涉及资金扶持、技术指导、宣传推广等方面。政府应确保政策措施的针对性和实效性，让农民真正受益。同时，政府还应加强对政策措施的宣传和解读，让农民更加清晰地了解政策的内容和目的。具体措施包括：①政策调整与优化，根据农民的反馈意见，及时调整政策内容，优化政策执行方式，确保政策更加符合农民的实际需求。②政策宣传与解读，通过多种渠道和方式，如政策宣讲会、宣传手册等，向农民详细解读政策内容，确保其能够充分理解并享受政策红利。

建立畅通的反馈渠道，如电话、邮件、微信公众号等，让农民能够方便地表达自己的意见和建议。政府应确保反馈渠道的畅通性和及时性，对农民的意见和建议给予及时回应和处理。具体措施包括：①多渠道反馈机制，通过电话热线、电子邮件、微信公众号等多种渠道，方便农民随时随地进行反馈，确保反馈渠道的便捷性和高效性。②及时回应与处理，对农民提出的意见和建议，政府应及时回应和处理，确保农民的诉求能够得到有效解决，增强其对政府的信任和支持。

通过树立典型示范和建立反馈机制，政府能够有效推动农业绿色低碳转型的深入实施，提升农民的参与度和满意度，为实现农业可持续发展和生态文明建设奠定坚实基础。

五、农民培训与意识提升的长效机制

在推动农业绿色低碳转型的过程中，构建农民培训与意识提升的长效机制是确保转型成功的重要保障。为了建立这一机制，我们需要从培训体系、政策支持和社会参与等多个方面着手，形成全方位、多层次、持续性的培训体系，激发农民参与培训和提升意识的积极性，提高培训的质量和效果。

（一）建立培训体系

政府应建立健全农业绿色低碳转型的培训体系，该体系应涵盖培训内容的制定、培训方式的创新以及培训效果的评估等多个环节，以确保农民培训工作的持续性和有效性。

培训内容应紧密围绕农业绿色低碳转型的核心知识和技能，包括绿色农业技术、节能减排技术、农业废弃物资源化利用、生态农业模式等。同时，培训内容还需结合当地农业发展的实际情况和农民的具体需求，确保培训内容的实用性和针对性。在制定培训内容的过程中，可以邀请农业专家、学者以及成功转型的农民代表共同参与，借助他们的经验和智慧，为培训内容提供科学依据和实用建议。此外，培训内容还应随着农业绿色低碳转型的深入发展而不断更新和完善，以适应新的形势和需求。

培训方式应多样化、灵活化，以满足不同农民的学习需求和习惯。可以采用现场教学、网络培训、远程教育等多种方式，让农民能够随时随地接受培训。现场教学可以组织农民到示范田、示范基地等实地参观学习，让他们亲身体验绿色低碳农业的实践成果和操作流程。网络培训和远程教育则可以利用互联网和多媒体技术，为农民提供在线学习资源和互动交流的平台，使他们能够更加方便地获取知识和信息。此外，还可以结合农民的学习特点和需求，采用案例教学、互动讨论、实践操作等多种教学方式，提高培训的互动性和实效性。

培训效果评估是确保培训体系有效性的重要手段。政府应建立科学的评估机制，对培训效果进行定期评估和分析。评估内容应包括农民对培训内容的掌握程度、实际操作技能的提升情况、对农业绿色低碳转型的认知度和参与度等。通过评估结果，可以及时发现培训过程中存在的问题和不足，为改进和完善培训体系提供依据。同时，还可以对培训效果显著的农民和培训机构进行表彰和奖励，激励他们继续发挥积极作用。

（二）加强政策支持

政府应进一步加大对农民培训和意识提升工作的政策支持力度，通过提供充足的培训经费、制定一系列切实可行的优惠政策，全面激发农民参与培训和提升环保意识的积极性。

为了保障农民培训工作的顺利进行，政府应设立专项基金，并明确其使用范围和管理办法。这些资金不仅要用于培训机构的日常运行、培训师资的聘请与培训、培训材料的制作和分发等基本需求，还要预留一部分作为应急资金，以应对可能出现的突发情况。同时，政府应根据培训工作的实际效果和农民的反馈需求，对培训经费进行动态调整和优化，确保每一分钱都能用在刀刃上，发挥出最大的效益。

除了提供经费支持，政府还应制定一系列优惠政策，以鼓励农民积极参与培训和提升技能。例如，对参加培训的农民给予一定的交通和食宿补贴，或者根据培训时长和成绩给予相应的奖励；对在培训中表现突出、掌握技能迅速的农民进行表彰，授予荣誉证书或奖章，以增强他们的荣誉感和成就感；对成功转型、应用绿色低碳技术取得显著成效的农民给予政策扶持和资金支持，如提供低息贷款、减免税收等，帮助他们扩大生产规模，提高经济效益。

（三）推动社会参与

在农民培训和意识提升工作中，政府应积极鼓励社会各界参与其中，共同形成多元化的培训体系，提高培训的质量和效果。

科研机构作为农业绿色低碳转型的重要支撑力量，应充分发挥其在技术研发和知识传播方面的优势。政府可以邀请科研机构参与农民培训工作，为农民提供最新的科研成果和技术支持。科研机构不仅可以通过举办讲座、研讨会等活动，向农民普及绿色低碳农业的最新知识和技术，还可以与农民建立长期的合作关系，为他们提供技术咨询和指导，帮助他们解决在生产过程中遇到的技术难题。

高校作为人才培养和知识创新的重要基地，也应积极参与到农民培训工作中来。政府可以与高校建立紧密的合作关系，共同制定培训计划和课程内容。高校可以派遣专家学者到农村进行实地指导和教学，为农民提供系统的理论知识和实践指导。同时，高校还可以开设针对农民的学历教育和职业培训课程，帮助他们提升综合素质和职业技能，为农业绿色低碳转型培养更多高素质的人才。

企业作为农业绿色低碳转型的重要参与者，同样应承担起社会责任，积极参与到农民培训工作中来。政府可以鼓励企业为农民提供实习实训基地和就业机会，帮助他们将所学知识转化为实际生产力。企业可以通过与培训机构合作、举办技能竞赛等方式，为农民提供实践锻炼和职业发展机会。同时，企业还可以根据市场需求和转型升级的要求，为农民提供产品和技术支持，帮助他们更好地适应市场变化，提高产品的竞争力和附加值。

第四节　法律法规与标准体系建设

法律法规与标准体系的建设是推动农业绿色低碳转型的关键环节。河南省在推进此过程中，面临着法律法规体系不完善、标准体系不健全、监管执行力度不足等多重挑战。为应对这些挑战，河南省需采取一系列应对措施，包括完善法律法规体系、构建科学统一的标准体系、加强监管和执法力度等，以确保农业绿色低碳转型的顺利进行，实现农业可持续发展与生态环境保护的双重目标。

一、面临的挑战

在河南省农业绿色低碳转型的进程中，尽管国家和地方政府已出台了一系列关于绿色低碳发展的法律法规和政策措施，但仍面临诸多挑战，这些挑战主要涉及法律法规体系的完善性、标准体系的健全性以及监管执行力度的不足。

（一）法律法规体系不完善

健全且具有针对性的法律法规体系，是确保农业绿色低碳转型顺利进行的重要基石。然而，当前在农业绿色低碳转型这一特定领域，国家及地方政府的法律法规体系仍存在不完善之处。

尽管《中华人民共和国环境保护法》和《中华人民共和国农业法》等法律对环境保护和农业发展提出了明确要求，但在农业绿色低碳转型方面的规定相对宽泛，缺乏具体针对性。这些法律更多是从宏观角度对环境保护和农业发展进行规范，未深入研究农业绿色低碳转型的具体环节和细节。因此，在实际操作中，农民和农业企业往往难以找到明确的法律指导和规范，导致转型过程中的法律保障不充分。

此外，现有法律法规中的部分条款过于笼统，缺乏具体的执行标准和操作指南。例如，一些法律条款仅泛泛地提到要减少农业碳排放、提高资源利用效率等目标，却未明确具体的实现路径和操作方法。这使得农民和农业企业在实际操作中难以准确把握法律要求，不仅增加了违法风险，也影响了转型的效率和效果。

由于缺乏专门的农业绿色低碳法律法规，农民和农业企业在转型过程中往往感到无所适从，面临诸多法律风险和不确定性，而缺乏有效的法律保障来应对这些风险和挑战。这不仅会挫伤他们参与转型的积极性，还可能引发一系列法律纠纷和争议，进而影响转型的顺利进行。

法规条款的笼统性也给执法部门带来了困扰。由于法律要求不明确，执法部门在执法过程中难以准确把握尺度，导致执法难度加大。同时，由于法律条款缺乏可操作性，执法部门在查处违法行为时往往缺乏有效的依据和手段，这不仅会影响执法的公正性和权威性，也会削弱法律法规在农业绿色低碳转型中的约束力和执行力。

（二）标准体系不健全

农业绿色低碳转型是一项复杂而系统的工程，涵盖农业生产的各个环节，从种植、养殖到农产品加工、废弃物处理等，每一步都需要有明确的指导原则和科学的衡量标准。然而，当前河南省在农业绿色低碳方面的标准体系构建上仍存在诸多不足，这既限制了转型的深度和广度，也影响了农业可持续发展的进程。

农业绿色低碳转型涉及众多领域和环节，从生产方式的优化到资源的循环利用，再到污染物的减排，都需要一套完整、科学、统一的标准体系来指导和规范。但目前河南省在这一领域的标准体系尚不完善，存在明显空白。例如，在农业废弃物的资源化利用方面，虽有一些零散的指导原则，却缺乏全面、系统的标准体系来明确废弃物的分类、收集、处理和再利用的具体流程和技术要求。这导致在实际操作中，农民和农业企业往往缺乏有效的指导和依据，难以达到最佳环保效果。

随着农业科技的进步和环保意识的提高，农业绿色低碳转型的实践也在不断深化和拓展。然而，部分现有标准却未能及时跟上这一步伐，存在滞后于实际需求的情况。例如，在农药和化肥的使用上，虽有一些关于减少用量的规定，但未充分考虑新型环保肥料和生物农药的推广和应用，导致标准与实际生产脱节。这种滞后性不仅限制了新技术的推广和应用，也影响了农业绿色低碳转型的效果。

　　由于不同领域和环节的标准制定存在时间差和差异性，导致部分标准之间存在冲突和矛盾。这种冲突不仅体现在不同标准之间的技术指标和参数上，也体现在对同一问题的不同理解和处理方式上。例如，在农产品的包装和运输方面，既有关于减少包装材料使用的环保标准，又有关于保障农产品质量和安全的包装要求，这两者在实践中往往难以兼顾，给农民和农业企业带来了困扰。

　　标准体系的不完善导致其在指导农业绿色低碳转型方面的作用有限。由于缺乏全面、系统、科学的标准指导，农民和农业企业在转型过程中往往感到无所适从，难以把握转型的方向和重点。这不仅影响了转型的顺利进行，也限制了农业绿色低碳发展的潜力和空间。

　　同时，由于部分领域和环节缺乏统一的标准规范，导致市场秩序混乱。在农业绿色低碳转型的背景下，市场上出现了各种环保产品和服务，但由于缺乏统一的标准来衡量其质量和效果，农民和农业企业在选择时往往难以判断其优劣。这不仅增加了转型的成本和风险，也影响了市场的公平竞争和健康发展。此外，标准的不统一还可能导致不同地区之间的农业绿色低碳转型实践存在差异和冲突，进一步加剧了市场秩序的混乱。

（三）监管执行力度不足

　　法律法规和标准体系的有效实施，离不开强有力的监管和执行。然而，在实际操作中，由于监管资源有限、技术手段不足等原因，部分法律法规和标准体系并未得到严格执行。

　　农业绿色低碳转型是一个涉及面广、复杂度高的系统工程，其监管工作需要投入大量的人力、物力和财力。但目前，河南省在这一领域的监管资源相对有限，难以满足全面、深入监管的需求。具体而言，监管人员的数量不足，且专业素养有待提升，导致监管工作难以覆盖所有环节和领域。同时，监管经费的投入也有限，使得一些必要的监测设备、检测手段和数据分析工具无法及时更新和升级，进而影响了监管的准确性和效率。

　　随着农业绿色低碳转型的深入推进，对监管技术手段的要求也日益提高。

然而，目前河南省在监管技术手段方面仍存在明显短板。一方面，监测设备相对落后，无法满足对农业绿色低碳转型过程中各项指标的实时监测和精准分析需求。另一方面，数据分析能力不足，难以对海量监测数据进行有效整合、分析和利用，从而无法及时发现和解决转型过程中存在的问题和风险。

此外，不同地区、不同部门的执法力度存在差异，导致部分法律法规和标准体系在实际执行中出现偏差和漏洞。一方面，一些地区或部门对农业绿色低碳转型的重视程度不够，执法力度较弱，对违法行为和违规行为的查处不够严厉，使得部分企业和个人心存侥幸，继续从事违法或违规的生产活动。另一方面，一些地区或部门在执法过程中存在不规范、不公正的情况，影响了执法效果，甚至引发社会矛盾和纠纷。

监管执行力度的不足，使得法律法规和标准体系难以得到有效实施。一方面，由于监管资源和技术手段的不足，一些违法行为和违规行为得不到及时查处和纠正，损害了法律法规和标准体系的权威性和有效性。另一方面，由于执法力度不一，部分企业和个人在转型过程中存在侥幸心理，忽视法律法规和标准体系的要求，继续从事违法或违规的生产活动，破坏了市场秩序和公平竞争环境。

监管执行力度的不足，还可能导致部分农民和农业企业在转型过程中出现违法行为或违规行为。这些行为不仅违反了法律法规和标准体系的要求，也损害了农业绿色低碳转型的整体效果和可持续发展潜力。例如，一些企业为了降低成本和提高效益，可能继续采用高污染、高能耗的生产方式；一些农民为了增加产量和收入，可能过度使用化肥和农药等化学物质。这些行为不仅会导致环境污染和生态破坏，也会降低农产品的质量和安全性，进而影响消费者的健康和信任度。因此，监管执行力度的不足对农业绿色低碳转型的效果和可持续发展潜力构成了严重威胁。

二、应对措施

针对以上挑战，河南省在推动农业绿色低碳转型的过程中应采取以下应对措施，以确保转型的顺利进行和取得实效。

（一）完善法律法规体系

结合河南省农业绿色低碳转型的实际情况，需加快制定专门的农业绿色低碳法律法规，明确转型的目标、任务、措施和责任主体。这一法律法规应全面涵盖农业生产的各个环节，包括种植、养殖、农产品加工、废弃物处理等，确保每一个步骤都有明确的法律指导和规范。同时，要细化各级政府在推动农业绿色低碳转型中的职责和权力，以及农民和农业企业的责任和义务，形成政府引导、企业主体、社会参与的良好格局。

对现有的法律法规进行全面修订和完善，细化法规条款，明确具体的执行标准和操作指南，降低农民和农业企业的违法风险。例如，在农药和化肥的使用上，不仅应制定具体的减量目标和时间表，还应明确不同作物、不同区域的化肥农药使用标准，以及违规使用的具体处罚措施。同时，要建立健全农业绿色低碳转型的评估和考核机制，将转型成效纳入地方政府和农业企业的绩效考核体系，确保法律法规得到有效执行。此外，河南省还应加快建立专门针对低碳农业的法律法规，为低碳农业的发展提供明确的法律引导。各地相关部门应根据相关法律文件发布具体政策规定，具体问题具体分析，同时将农业节能减排效率纳入地方部门的考核标准，规范各责任部门的行为，为低碳农业的发展保驾护航。

（二）构建科学统一的标准体系

加快构建科学、统一、完善的农业绿色低碳标准体系，这一体系应涵盖农业碳排放标准、农业资源利用标准、农业生态环境保护标准等多个方面。这些标准应详细、具体，确保农业生产的每一个环节和领域都有明确的标准指导和规范。例如，在农业废弃物资源化利用方面，应制定具体的废弃物分类、收集、处理和再利用的标准，以及废弃物的排放标准和环保要求，确保废弃物的处理既环保又高效。

随着农业绿色低碳转型的深入推进，应及时对现有的标准进行更新和修订，确保标准与实际需求相适应。河南省应密切关注国内外农业绿色低碳发展的新动态和新趋势，以及新技术和新方法的研发和应用情况，及时调整和完善标准体系。同时，要建立健全标准更新的反馈机制，鼓励农民和农业企业积极参与标准的制定和修订工作，通过实践反馈不断优化和完善标准，确保标准的科学性和可操作性。

此外，还应加强不同领域和环节标准之间的协调性，避免标准之间存在冲突和矛盾。河南省在制定标准时，应充分考虑不同领域和环节之间的关联性和互动性，确保标准之间的衔接和协调。例如，在农产品包装和运输方面，既要制定减少包装材料使用的环保标准，又要制定保障农产品质量和安全的包装要求，通过科学合理的标准制定，确保两者之间的平衡和协调，推动农业绿色低碳转型的全面进行。

（三）加大监管和执法力度

为了确保农业绿色低碳转型的顺利进行，河南省需增加人力、物力、财力等方面的投入，提高监管力度和效率。这要求河南省在农业绿色低碳转型方面加强监管力量的建设，增加监管人员的数量，提高监管人员的专业素养和执法能力，确保监管工作能够覆盖到农业生产的每一个环节。

同时，要加强监测设备的建设和更新，提高数据分析能力。河南省在监测设备的采购和更新上，应注重设备的先进性和实用性，确保监测数据的准确性和可靠性。同时，要加强数据分析技术的应用和研发，提高数据分析的精准度和时效性，为监管提供有力的数据支持，确保监管技术手段与农业绿色低碳转型的需求相适应。

此外，还应加强对违法行为的查处力度，形成有效的震慑和警示作用。河南省在执法过程中，要严格按照法律法规和标准体系的要求，对违法行为进行严厉查处，确保法律法规和标准体系的权威性和有效性。同时，要加强不同地区、不同部门之间的执法协调，确保执法力度的一致性和公正性，避免执法过程中的漏洞和偏差。通过加大执法力度，形成对违法行为的强大震慑力，推动农业绿色低碳转型的顺利进行。

第五节 跨区域合作与经验交流

河南省在农业绿色低碳转型中面临着诸多挑战，但通过跨区域合作与经验交流，可以积极应对这些挑战，推动河南省农业绿色低碳转型的深入开展。

一、加强跨区域技术合作

尽管河南省内拥有众多农业科研机构和高新技术企业，但在低碳农业技术的研发领域，这些机构和企业普遍面临人才短缺、资金不足以及设备缺乏等问题。这些问题的存在，严重制约了河南省在低碳农业技术研发方面的进展，难以满足农业绿色低碳转型的迫切需求。

在精准农业、生态农业、循环农业等低碳农业技术领域，河南省尚未取得重大技术突破。特别是在农业废弃物资源化利用、农业碳汇能力提升等关键领域，河南省仍面临技术瓶颈，亟须寻求破解之道。同时，由于缺乏完善的技术成果转化机制和有效的推广渠道，许多低碳农业技术成果未能及时转化为实际生产力，这不仅影响了河南省农业绿色低碳转型的进度，也削弱了这些技术成果对农业生产效率和质量的提升作用。

跨区域技术合作对河南省农业绿色低碳转型具有重要意义。首先，通过引进和消化吸收国内外先进的低碳农业技术，河南省可以迅速提升自身的低碳农业技术水平，有效弥补技术短板，加速农业绿色低碳转型的进程。其次，跨区域技术合作有助于汇聚国内外优秀的科研力量，共同研发新技术、新产品，不仅可以推动低碳农业技术的不断创新和升级，还可以加强技术成果的转化和推广，将科研成果转化为实际生产力。最后，跨区域技术合作还可以促进河南省与其他地区在低碳农业领域的技术交流与合作，有助于提升技术人员的专业素质和创新能力，推动河南省农业绿色低碳技术的快速发展，为农业可持续发展和生态文明建设贡献力量。

为此，河南省应积极与国内外先进的低碳农业技术团队和科研机构建立长期稳定的合作关系。这可以通过签订合作协议、设立联合研发机构等方式实现。签订合作协议可以明确合作的目标、内容和方式，确保合作的顺利进行；设立联合研发机构则可以整合各方资源，开展联合攻关，推动关键技术的突破和创新。

通过跨区域技术合作，河南省可以引进国内外先进的低碳农业技术，包括精准农业技术、生态农业技术、循环农业技术等。精准农业技术，如智能灌溉系统、无人机监测等，可以实现农业生产的精细化管理，提高资源利用效率，减少碳排放；生态农业技术，如生物防治、有机肥料等，可以减少化学农药和化肥的使用，保护生态环境，提升农产品质量；循环农业技术则可以实现农业废弃物的资源化利用，如秸秆还田、畜禽粪便发酵等，从而减少废弃物排放，提高资源循环利用率。

跨区域技术合作不仅可以推动低碳农业技术的不断创新和升级，还可以加强技术成果的转化和推广。通过与国内外科研机构合作，共同研发新技术、新产品，河南省可以不断提升自身的创新能力。同时，建立技术成果转化机制，推动科研成果向实际生产力的转化，是提高农业生产效率和质量的关键。此外，通过举办技术培训班、现场示范等方式，加强先进技术的推广和应用，也是提升农民技术水平和创新能力的重要途径。

为促进河南省与其他地区在低碳农业领域的技术交流与合作，可以举办技术研讨会、开展技术培训以及建立技术交流平台。定期举办低碳农业技术研讨会，邀请国内外专家学者、企业代表等共同探讨低碳农业技术的发展趋势和前景，有助于拓宽技术人员的视野和思路；组织技术人员参加国内外技术培训和学习交流活动，可以提高他们的专业素质和技术水平；建立低碳农业技术交流平台，实现技术信息的共享和交流，可以促进技术合作与创新，推动河南省农业绿色低碳技术的快速发展。

二、拓展融资渠道

农业绿色低碳转型是一项系统性工程，涵盖技术研发、设备更新、示范园区建设、农业废弃物资源化利用、农产品绿色认证与营销等多个环节，每一环节均需大量资金投入。然而，当前河南省在农业绿色低碳转型方面的资金投入相对有限，这在一定程度上制约了转型的进度和深度。资金短缺主要表现为政府投资力度不足、社会资本参与度不高以及国际合作项目较少等方面，这些问题亟待解决。

政府投资是农业绿色低碳转型的重要资金来源，但受财政预算和优先级设置限制，目前河南省在农业绿色低碳转型领域的政府投资尚不能完全满足实际需求。尽管近年来政府逐渐加大了对农业科技的投入，但针对绿色低碳技术的专项投入仍显不足，难以全面覆盖技术研发、示范推广、设备更新等多个环节。此外，社会资本对农业绿色低碳转型的认知度和参与度不高，部分投资者对绿色农业项目的长期回报持谨慎态度，导致社会资本投入有限。同时，国际合作项目在河南省农业绿色低碳转型中的参与度较低，国际资金和技术引进渠道不够畅通，限制了河南省农业绿色低碳转型的国际视野和合作深度。

拓展融资渠道对河南省农业绿色低碳转型具有深远意义。首先，多元化的融资渠道能吸引更多资金投入河南省农业绿色低碳转型，有效缓解资金短缺问题，加速转型进程。其次，拓展融资渠道可优化资金结构，提高资金使用效率，确保资金用在关键处，实现经济效益与生态效益的双赢。最后，拓展融资渠道还能促进河南省与其他地区在农业绿色低碳转型方面的合作与交流，引入国内外先进技术和管理经验，提升河南省农业的整体竞争力。

河南省政府应充分发挥其在农业绿色低碳转型中的主导作用，通过设立专项基金、增加财政预算等方式，加大对农业绿色低碳技术研发、示范和推广的投入力度。专项基金可用于支持关键技术攻关、示范园区建设、农业废弃物资源化利用等关键领域，为农业绿色低碳转型提供坚实的资金保障。同时，政府应加强对农业绿色低碳转型项目的引导和监管，建立科学的项目筛选和评估机制，确保资金有效利用，避免资源浪费和效率低下。

社会资本是农业绿色低碳转型不可或缺的力量。河南省应通过制定优惠政策、提供融资担保、建立风险补偿机制等方式，吸引社会资本积极参与农业绿色低碳转型。具体而言，可以设立低碳农业投资基金，引导社会资本投入低碳农业项目；发行绿色债券，为低碳农业项目提供长期稳定的资金来源；探索农业碳汇交易机制，鼓励企业通过碳减排获得经济回报，吸引更多企业参与农业绿色低碳转型。此外，政府还可以通过公开招标、政府采购等方式，为低碳农业项目提供市场需求，降低社会资本的投资风险。

国际合作是河南省农业绿色低碳转型的重要途径。河南省应积极与国际组织、金融机构和外国政府开展合作，争取国际援助和贷款支持农业绿色低碳转型。通过与国际金融机构合作，可以引入低息贷款、技术援助等支持措施，降低转型成本；与国际组织合作，可以参与全球农业绿色低碳转型项目，分享国际经验和技术成果；与外国政府合作，可以开展双边或多边农业绿色低碳合作项目，共同推动全球农业可持续发展。同时，河南省应积极借鉴国际先进经验和技术，推动农业绿色低碳转型的国际化进程，提升河南省农业在全球市场中的竞争力和影响力。

在拓展融资渠道的过程中，河南省应积极探索创新的融资模式，为农业绿色低碳转型提供多样化的资金来源。政府与社会资本合作模式（PPP）是一种有效的融资方式，通过政府与社会资本共同出资、共担风险、共享收益，可以有效缓解政府财政压力，吸引社会资本参与。此外，产业投资基金也是一种值得探索的融资模式，通过设立产业投资基金，可以吸引社会资本投入农业绿色低碳产业，推动产业链上下游协同发展。同时，河南省还可以探索农业资产证券化、农业碳金融等新型金融业态，为农业绿色低碳转型提供更为灵活多样的融资渠道。

三、人才培养与交流

低碳农业，作为现代农业发展的重要方向，致力于减少农业生产过程中的碳排放，提高资源利用效率，促进农业可持续发展。这一宏伟目标的实现，离不开高素质人才队伍的坚实支撑，尤其是研发人员和技术推广人员，他们是低碳农业技术创新与实践应用的核心驱动力。然而，就目前河南省的农业人才状况来看，低碳农业领域的人才储备不足以成为制约其发展的重大瓶颈。

首先，河南省农业人才队伍建设面临的一大挑战是人才结构不合理。当前，河南省农业领域的人才主要集中在传统农业技术的研究与应用上，而低碳农业这一新兴领域则缺乏具备相关知识和技能的人才。这种结构上的失衡，导致低碳农业技术的研发和推广缺乏专业支撑，难以迅速适应市场需求和行业变革。此外，高级管理人才和复合型人才的短缺也影响了低碳农业项目的整体规划、管理和市场拓展能力。

其次，专业素质不高是制约河南省低碳农业发展的另一大因素。尽管近年来河南省加大了对农业人才的培养力度，但针对低碳农业的专业教育体系尚未建立健全，导致现有人才队伍在低碳理念、节能减排技术、生态农业实践等方面的知识储备和技能水平存在较大差异。由于缺乏系统的培训和持续的学习机会，许多农业从业者难以掌握最新的低碳农业技术和管理方法，从而限制了他们在该领域的创新能力和实践效果。

最后，人才流失问题同样不容忽视。受城乡发展差异、薪资待遇相对较低以及职业发展机会有限等因素的影响，河南省农业领域，尤其是低碳农业方向，正面临着严重的人才流失现象。许多有潜力的青年人才选择到城市或其他行业寻求更好的发展机会，导致农业领域的人才队伍难以形成稳定的梯队结构，进而影响了低碳农业的长期发展。

鉴于此，人才培养与交流对于河南省农业绿色低碳转型具有至关重要的意义。首先，加强人才培养和交流可以提高河南省在低碳农业领域的人才储备和素质，为低碳农业技术的研发和应用提供有力支持。其次，人才培养与交流有助于促进技术创新和成果转化，推动河南省农业绿色低碳转型的深入进行。最后，人才培养与交流还能加强河南省与其他地区在低碳农业领域的联系和互动，促进经验交流和资源共享。

在推动河南省农业绿色低碳转型的过程中，人才是关键要素。培养一批具备专业素养和创新能力的低碳农业人才，不仅有助于提升河南省农业的科技含量和竞争力，还能为农业绿色低碳转型提供持续的智力支持。因此，河南省应积极与国内外高校、科研机构建立合作关系，共同培养低碳农业方面的专业人才。同时，应建立健全人才培训体系，鼓励人才交流学习，并完善人才激励机制，为河南省农业绿色低碳转型注入新的活力。

具体而言，河南省可以与国内外知名高校、科研机构共同设立低碳农业方面的联合培养项目。这些项目应涵盖本科教育、研究生教育以及职业培训等多个层次，旨在培养具备扎实理论基础和实践经验的低碳农业人才。通过联合培养项目，河南省可以充分利用高校和科研机构的优质教育资源，为学生提供先进的教学设施、丰富的实践机会以及优秀的导师团队，从而提高学生的专业素养和创新能力。

除了设立联合培养项目外，河南省还可以与高校、科研机构开展科研合作，共同承担低碳农业领域的科研项目。这些项目应聚焦于低碳农业技术的研发、低碳农产品的开发以及农业废弃物的资源化利用等方面。通过科研合作，河南省可以充分利用高校和科研机构的科研力量和成果，推动低碳农业技术的创新和应用，进而提升河南省农业的科技含量和竞争力。

为了提升不同层次人才的低碳农业专业素养和创新能力，河南省应建立健全低碳农业人才培训体系。可以通过举办培训班、研讨会等活动，为不同层次的人才提供有针对性的培训。这些活动可以邀请国内外知名专家、学者进行授课和讲座，分享低碳农业领域的最新研究成果和实践经验。同时，还可以组织学员进行实地考察和交流，以加深对低碳农业的理解和认识。

此外，河南省还可以提供多样化的培训资源，如在线课程、教学视频、案例分析等。这些资源应覆盖低碳农业技术的原理、应用、发展趋势等多个方面，为人才提供便捷、高效的学习途径。同时，还应建立低碳农业人才库，对优秀人才的资料和信息进行整理和归档，为河南省农业绿色低碳转型提供人才储备和支撑。

为了借鉴国内外先进经验和技术，河南省应鼓励和支持低碳农业人才到国内外先进地区学习交流。可以通过设立专项基金、提供奖学金等方式，资助人才参加国际学术会议、研讨会、短期课程等活动。同时，还应与国内外知名高校、科研机构建立长期合作关系，为人才提供实习、交流等机会。通过这些活动，人才可以深入了解国内外低碳农业的最新研究成果和实践经验，拓宽视野和思路，为河南省农业绿色低碳转型提供有益的借鉴和启示。

除了派遣人才到先进地区学习交流外，河南省还应积极吸引国内外优秀人才来河南省从事低碳农业相关工作。可以通过设立人才引进计划、提供优厚待遇等方式，吸引优秀人才来河南省工作。同时，还应建立科学的人才评价和激励机制，对在低碳农业领域取得突出成果的人才进行表彰和奖励，以激发人才的创新活力和工作热情。

为了进一步激发人才的创新活力和工作热情，河南省应建立健全人才激励机制。可以通过设立奖学金、奖励基金等方式，对在低碳农业领域取得突出成果的人才给予表彰和奖励。这些奖学金和奖励基金应涵盖不同层次的人才，如本科生、研究生、科研人员等。通过设立奖学金和奖励基金，可以激发人才的创新动力和积极性，推动低碳农业技术的创新和应用。

除了设立奖学金和奖励基金外，河南省还应为低碳农业人才提供广阔的发展空间和职业晋升渠道。可以通过建立科学的人才评价和晋升机制，对人才的专业素养、创新能力、工作业绩等方面进行全面评价，为人才提供职业晋升和发展的机会。同时，还应建立人才流动和交流机制，鼓励人才在不同领域、不同地区之间进行交流和合作，以拓宽人才的视野和思路，提升人才的综合素质和竞争力。

四、完善市场机制

当前，河南省乃至全国农业绿色低碳转型面临的重要挑战之一是低碳农产品的市场机制尚不完善。这一机制的不完善主要体现在消费者对低碳农产品的认知度和接受度较低、销售渠道不畅以及市场价格机制不合理等方面，这些因素严重制约了低碳农产品的生产和销售，影响了农业绿色低碳转型的深入推进。

首先，尽管低碳农业理念在全球范围内逐渐得到推广，但在河南省乃至国内市场，消费者对低碳农产品的认知度和接受度仍然较低。这主要归因于：低碳农产品作为新兴产品，其概念和特点尚未被广大消费者所熟知；市场宣传和推广力度不足；以及消费者对低碳农产品的价值认知存在偏差，往往认为其价格较高而性价比不高。因此，提高消费者对低碳农产品的认知度和接受度，是当前完善市场机制的首要任务。为此，应通过电视、广播、报纸、网络等媒体渠道，加大对低碳农产品的宣传力度，制作专题报道、公益广告、微电影等形式多样的宣传内容，向消费者普及低碳农产品的特点和价值。同时，定期举办低碳农产品展销会、博览会等活动，为低碳农产品提供展示和交易平台，增强消费者的认知度和信任度。

其次，低碳农产品的销售渠道不畅也是制约其市场推广的重要因素。目前，低碳农产品的销售渠道相对单一，主要依赖于传统的农贸市场和超市等线下销售方式，存在信息不对称、物流成本高、销售效率低等问题。因此，建立健全低碳农产品的销售渠道是完善市场机制的重要一环。应利用互联网和大数据技术，建立低碳农产品的线上销售平台，实现在线展示、交易和配送。同时，在农贸市场、超市等传统销售渠道的基础上，增设低碳农产品的销售网点，如设立专卖店、专柜等，方便消费者购买。

再者，低碳农产品的市场价格机制不合理是当前市场机制不完善的又一重要表现。由于生产成本较高和市场竞争激烈，低碳农产品的价格往往高于普通农产品，而消费者对其价值认知尚未形成，难以接受较高价格。

此外，价格波动过大、价格信号失真等问题也影响了农民收益和市场稳定。因此，建立合理的低碳农产品价格机制至关重要。应根据市场需求和供给情况，合理调整低碳农产品的价格水平，并加强对价格的监管和调控，防止价格波动过大。同时，政府可以给予农民一定的政策支持和补贴，降低其生产成本和市场风险。

最后，为了保障低碳农产品的质量和市场秩序，应加强对低碳农产品市场的监管和执法力度。严厉打击假冒伪劣产品和不正当竞争行为，建立举报奖励机制，鼓励消费者和业内人士积极举报违法行为。同时，加强对低碳农产品质量的检测和认证工作，确保产品的质量和安全。可以建立质量检测机构和认证体系，对低碳农产品进行定期检测和认证，并加强对检测机构和认证机构的监管和管理。

综上所述，通过提高消费者认知度、建立健全销售渠道、建立合理的价格机制以及加强市场监管和执法力度等措施，可以逐步完善低碳农产品的市场机制，推动农业绿色低碳转型的深入开展。

五、建立示范园区

农业绿色低碳转型是应对全球气候变化、推动农业可持续发展的关键路径。作为中国的农业大省，河南省的农业绿色低碳转型不仅关乎本省农业现代化的进程，而且对全国乃至全球的农业绿色发展具有重要示范意义。然而，当前河南省在农业绿色低碳转型方面尚缺乏有效的示范园区引领，具体问题表现为示范园区数量不足、建设水平参差不齐以及示范效应不够显著。

首先，河南省农业绿色低碳转型面临的一大难题是示范园区数量不足。尽管省政府高度重视农业绿色发展，并出台了一系列政策措施，但相较于庞大的农业规模，现有的低碳农业示范园区数量仍显不足，难以形成全面的引领和带动作用。缺乏足够的示范园区，意味着缺乏实践平台和试验田，先进的低碳农业技术和理念难以得到充分验证和广泛推广，从而制约了农业绿色低碳转型的步伐和深度。

其次，示范园区的建设水平不高也是制约河南省农业绿色低碳转型的重要因素。部分已建的低碳农业示范园区在规划、设计、运营等方面存在不足，如布局规划缺乏科学性，导致资源利用效率低下；技术应用缺乏系统性和前瞻性，难以满足农业绿色低碳转型的实际需求；园区管理不够规范，缺乏有效的运营机制和监督机制，导致示范效果大打折扣。这些问题不仅影响了示范园区的自身发展，也削弱了其在推动农业绿色低碳转型中的引领作用。

最后，示范效果不明显是当前河南省低碳农业示范园区存在的另一大问题。部分示范园区虽然投入了大量资源，但在实际运营中，低碳农业技术的推广和应用效果不佳，未能有效减少农业碳排放、提高资源利用效率，实现经济效益和环境效益的双重提升。这可能与技术推广方式单一、缺乏针对农民的有效培训和指导有关，导致农民对低碳农业技术的接受度和应用能力不足；也可能与政策支持和资金投入不足有关，导致示范园区在技术创新和模式探索方面缺乏动力和资源。

因此，建立示范园区对于河南省农业绿色低碳转型具有至关重要的意义。示范园区的建设和推广可以带动全省农业绿色低碳转型的深入开展；有助于展示低碳农业技术的成果和效益，提高农民对低碳农业的认知度和接受度；还可以为其他地区提供经验和借鉴，推动农业绿色低碳转型在全国范围内的推广。

在推动河南省农业绿色低碳转型的过程中，科学规划示范园区的布局和规模是首要任务。应充分考虑河南省的农业资源和环境条件，兼顾地域特色、产业基础以及生态环境承载力，选择农业资源丰富、生态环境良好、交通便利的区域作为示范园区的建设地点。在规模上，应适度规模经营，既要展现低碳农业技术的规模效应，又要避免过度开发导致的生态破坏。通过科学规划布局，示范园区将能够充分发挥其引领和带动作用，推动农业绿色低碳转型的深入进行。

技术支持是示范园区建设的关键环节。为了提升示范园区的建设水平和示范效果，应为其提供先进的低碳农业技术和设备支持。一方面，可以引进和消化吸收国内外先进的低碳农业技术，如精准农业、生态农业、循环农业等，提高示范园区的科技含量和创新能力；另一方面，可以鼓励和支持园区内的企业和科研机构进行技术研发和创新，形成具有自主知识产权的低碳农业技术体系。同时，还应加强对农民的技术培训，提高他们的科技素质和应用能力，使他们能够更好地适应和应用低碳农业技术。

示范园区的配套设施建设对于其良好运行至关重要。应加强道路、水利、电力等基础设施建设，满足园区的生产和生活需求；同时加强科研、培训、展示等公共服务设施建设，为园区内的企业和科研机构提供良好的研发环境和条件。此外，还可以建设低碳农业展示中心、技术培训中心等，向公众展示低碳农业技术的成果和应用效果，提高社会对低碳农业的认知度和接受度。

宣传和推广是示范园区发挥引领作用的重要手段。为了扩大示范园区的影响力，应加强宣传力度，通过媒体宣传、网络传播、现场展示等多种方式，向公众展示示范园区的建设成果和示范效果；同时加强与政府、企业、科研机构等各方面的合作与交流，共同推动低碳农业技术的研发和应用；此外，可以组织农民参观学习，让他们亲身体验低碳农业技术的优势和应用效果，提高他们的参与度和积极性。

第五章　河南省乡村数字化赋能农业绿色低碳转型的策略

在全球气候变化和资源环境约束日益加剧的背景下，农业绿色低碳转型已成为我国农业发展的必然趋势。河南省拥有丰富的农业资源和深厚的农业文化底蕴，但同时也面临着农业生产方式粗放、资源利用效率低、环境污染严重等问题。数字化技术的快速发展为河南省农业绿色低碳转型提供了新的动力和路径。本章将详细探讨河南省乡村数字化赋能农业绿色低碳转型的策略，以期为推动河南省农业可持续发展和乡村振兴提供有益参考。

第一节　加强数字新基建建设，驱动农业生产方式绿色转型

加强数字新基建建设是推动河南省乡村数字化赋能农业绿色低碳转型的重要基础。通过完善农村信息基础设施、推广智能农业装备、建立农业大数据平台等措施，可以推动农业生产方式向智能化、精准化方向转变，提高农业生产效率和资源利用效率，促进农业绿色低碳转型。

一、完善农村信息基础设施

完善农村信息基础设施是数字化赋能农业绿色低碳转型的基石。这将为农民提供更加便捷、高效的信息服务，推动农业生产方式向智能化、精

准化转变，为农业绿色低碳转型提供有力支撑。

为打破信息孤岛，确保每个行政村都能享受数字时代的红利，应大力推进农村宽带网络建设。具体而言，可以通过光纤到村、宽带入户等方式，将高速、稳定的网络服务延伸至乡村的每一个角落。光纤网络的铺设不仅提高了乡村地区的网络覆盖率，还显著提升了带宽水平，使农民能够享受与城市居民同等的网络服务体验。这为农民获取最新农业信息、学习先进农业技术、开展在线销售等提供了强有力支持，促进了农业生产方式的转变和农业产业链的升级。

移动通信网络作为连接乡村与外界的桥梁，其覆盖率和信号质量直接关系到农民的信息获取能力和生活质量。因此，加强移动通信网络在农村地区的覆盖和优化显得尤为重要。一方面，应提高 4G 网络的覆盖率，确保农民在田间地头也能享受流畅的网络服务；另一方面，应逐步推进 5G 网络在农村地区的试点和部署，为乡村数字化赋能农业绿色低碳转型提供更为强大的技术支持。5G 网络的高速度、低延迟特性将极大地推动智能农业装备的应用和农业大数据平台的建设，为农业生产方式的智能化、精准化提供有力保障。

物联网技术作为数字化技术的重要组成部分，其在农村地区的广泛应用将为农业绿色低碳转型提供重要支撑。通过智能传感器、RFID 标签等物联网设备，可以实时监测农田环境、作物生长状况等关键信息，为农业生产提供精准的数据支持。这些数据不仅可以帮助农民科学决策、优化种植结构、提高生产效率，还可以为农业科研机构提供宝贵的实验数据，推动农业科技的进步和创新。此外，物联网技术还可以应用于农产品溯源、质量安全监管等方面，提升农产品的附加值和市场竞争力。

在推进农村信息基础设施建设的同时，还应加强其维护和管理。一方面，应建立健全的信息基础设施维护机制，确保网络设备的正常运行和及时更新；另一方面，应加强对农民的信息技术培训，提高他们的信息素养和网络安全意识。通过培训，农民可以更好地利用数字化技术开展农业生产和生活，同时也能够防范网络诈骗等安全风险。

二、推广智能农业装备

推广智能农业装备是推动农业生产方式向智能化、精准化方向转变的重要举措。智能农机装备的应用不仅提高了作业效率，还能根据地块特征自动调整作业参数，实现"一地一策"的精细化管理。[①]

智能农机，如自动驾驶拖拉机、智能播种机、智能收割机等，正逐步成为现代农业生产的标配。这些农机装备集成了 GPS 导航、自动驾驶等先进技术，能够实现精准作业。自动驾驶拖拉机能够根据预设的路线和速度自主行驶，无需人工操作，既减轻了农民的劳动强度，又提高了作业精度。智能播种机能够根据作物种类、土壤条件等因素，精确控制播种密度和深度，确保作物生长均匀，提高产量。智能收割机则能够在收获季节迅速响应，精准识别作物成熟度，减少收割损失，提高整体收益。智能农机的广泛应用，不仅提高了农业生产效率，还降低了人力成本，为农民带来了实实在在的收益。

无人机技术在农业生产中的应用日益广泛，特别是在农药喷洒和农田环境监测方面，展现出巨大潜力。无人机喷洒农药具有精准度高、覆盖面广、操作简便等优点。通过搭载先进的喷洒系统，无人机能够根据农田环境、作物生长状况等因素，精确控制喷洒量和喷洒范围，有效减少农药的过度使用。同时，无人机喷洒农药还能减少人员接触农药的风险，保障农民的健康安全。此外，无人机还可以用于农田环境监测，通过搭载高清摄像头和传感器，实时监测农田的土壤湿度、光照强度、气温等关键信息，为农民提供精准的数据支持。

智能灌溉系统是数字化技术在农业生产中的又一重要应用。通过实时监测农田土壤湿度和作物生长状况，智能灌溉系统能够实现精准灌溉和节水灌溉，提高水资源利用效率。智能灌溉系统通常由土壤湿度传感器、智

---

① 张嘉欣.农业数字化赋能河南省农业现代发展路径研究［J］.中国果业信息，2024，41（10）：109-111.

能控制器和执行机构等组成。土壤湿度传感器实时监测农田土壤的湿度变化，并将数据传输至智能控制器。智能控制器根据预设的灌溉策略和土壤湿度数据，精确控制灌溉水量和灌溉时间。执行机构则根据智能控制器的指令，自动开启或关闭灌溉设备，实现精准灌溉。智能灌溉系统的应用，不仅提高了灌溉效率，还减少了水资源浪费，使农民能够根据作物生长需求和土壤湿度状况，合理调整灌溉计划，避免过度灌溉和干旱现象的发生。

农业机器人是数字化技术在农业生产中的又一创新应用。通过研发和应用农业机器人，可以替代人工进行繁重、危险的农业作业，提高农业生产效率和质量，同时减少人力成本和对环境的污染。采摘机器人是农业机器人中的一种重要类型，通过搭载先进的视觉识别系统和机械臂，能够自动识别成熟作物并进行采摘，提高了采摘效率，减少了因人工采摘导致的果实损伤和浪费。除草机器人则能够自动识别并清除农田中的杂草，通过搭载除草刀具和智能控制系统，根据杂草种类和密度等因素，精确控制除草力度和范围，有效减少了农药的使用量和环境污染。这些农业机器人的应用，减轻了农民的劳动强度，提高了农业生产的安全性和可持续性。

三、建立农业大数据平台

在数字化时代背景下，农业大数据平台已成为推动农业生产方式变革和绿色低碳转型的重要支撑。通过整合农业生产、市场、环境等多源数据，构建全面、准确、高效的农业大数据平台，可以为农业生产提供精准决策支持，促进农业绿色低碳转型。

农业大数据平台的建设，首先需要加强农业数据资源的整合和共享。农业生产数据、市场数据、环境数据等多源数据的整合，是构建农业大数据平台的基础。这些数据涵盖了作物种植、畜牧业发展、农产品销售、农田环境状况等农业生产的各个方面。通过整合和共享这些数据，可以打破数据孤岛，形成完整的数据链条，为农业生产提供全面的数据支撑。在数据整合和共享的过程中，应注重数据的标准化和规范化，建立统一的数据标准和规范，确保数据的准确性和可比性，提高数据的利用率和价值。同时，还应加强数据的安全性和隐私保护，确保数据合法使用，避免数据泄露和滥用。

农业大数据平台的核心价值在于为农业生产提供精准决策支持。通过对数据的深入分析和挖掘，可以全面了解农业生产中的各个环节，预测农产品市场需求、制定科学的种植计划、优化农业生产结构等。这些精准决策支持有助于提高农业生产的经济效益和生态效益。在农产品市场需求预测方面，农业大数据平台可以分析历史销售数据、消费者偏好等信息，预测未来农产品的市场需求趋势，帮助农民根据市场需求调整种植结构，提高农产品的市场竞争力。在科学种植计划制定方面，农业大数据平台可以根据农田环境数据、作物生长数据等信息，为农民提供科学的种植建议，帮助他们根据作物生长需求和土壤条件，制定合理的种植计划和施肥方案，提高作物的产量和品质。在农业生产结构优化方面，农业大数据平台可以分析各区域农业资源禀赋、产业发展状况等信息，为农民提供优化农业生产结构的建议，帮助他们根据区域特点和市场需求，调整农业生产结构，实现农业资源的优化配置和高效利用。

农业大数据平台还可以建立智能预警和监测系统，对农田环境、作物生长状况等关键信息进行实时监测和分析。通过智能预警和监测系统，可以及时发现农业生产中的问题和风险，并采取相应的应对措施，确保农业生产的顺利进行。在农田环境监测方面，农业大数据平台可以通过传感器等设备实时监测农田的土壤湿度、温度、光照强度等关键信息，帮助农民及时了解农田环境状况，采取相应的措施进行调整和优化，提高农田的生产力和抗逆性。在作物生长状况监测方面，农业大数据平台可以利用图像识别、机器学习等技术实时监测作物的生长状况，通过监测作物的生长速度、叶片颜色、病虫害情况等关键信息，及时发现作物的生长问题和病虫害风险，并采取相应的防治措施，确保作物的健康生长和丰收。

此外，农业大数据平台的建设还可以推动数据驱动的创新应用，如智能农业装备的研发、农业碳汇交易机制的建立等。这些创新应用有助于推动农业生产方式的变革和农业绿色低碳转型的深入发展。在智能农业装备研发方面，农业大数据平台可以提供数据支持和优化建议，通过分析农业生产中的数据需求和应用场景，研发出更加符合农业生产需求的智能农业装备，提高农业生产效率和智能化水平。在农业碳汇交易机制建立方面，农业大数据平台可以为农业碳汇交易提供数据支持和监测服务，通过对农业生产中的碳排放和碳吸收进行实时监测和计算，为农业碳汇交易提供准确的数据支撑，推动农业碳汇交易的规范化和市场化发展。同时，农业大数据平台还可以推动农业物联网、农业云计算等其他创新应用的发展，这些创新应用有助于实现农业生产过程的智能化、精准化和绿色化，进一步推动农业绿色低碳转型的深入发展。

第二节　发挥数字平台优势，助力生态农业产业培育

如今数字平台已成为推动各行各业转型升级的重要力量。对于生态农业而言，数字平台不仅提供了前所未有的发展机遇，还助力生态农业产业的培育与壮大。通过搭建电商平台、推广数字农业技术以及建立生态农业品牌，数字平台正为生态农业注入新的活力，推动其实现可持续发展。

一、搭建电商平台

随着信息技术的飞速进步和互联网的全面普及，电子商务作为一种新兴的商业模式，正以前所未有的速度和规模改变着全球经济的面貌。在这一背景下，电商平台作为连接消费者与生产者的桥梁，不仅为传统产业的转型升级提供了有力支撑，更为生态农业的现代化发展开辟了一条新路径。

在传统的农产品销售模式中，由于地域和渠道的限制，许多优质的生态农业产品难以突破本地市场的局限，难以被更广泛的消费者所认知和接受。这一困境严重限制了生态农业产品的市场潜力和农民的收入增长。然而，电商平台的出现打破了这一瓶颈。通过线上销售，生态农业产品得以跨越地域障碍，轻松触达全国乃至全球的消费者。这种前所未有的市场覆盖范围，不仅为农民提供了更广阔的销售渠道，使他们能够直接将产品送

达消费者手中，减少中间环节，降低交易成本；同时也为消费者提供了更多样化和个性化的选择，满足了不同地域、不同文化背景消费者的多元化需求。

电商平台的全球化特性，使生态农业产品能够跨越国界，走向世界。这不仅有助于提升生态农业产品的国际知名度和影响力，还能促进国际的农业交流与合作，推动生态农业的国际化发展。例如，一些具有地方特色的生态农业产品，通过电商平台成功打入国际市场，赢得了全球消费者的喜爱。

电商平台不仅为生态农业产品提供了更广阔的销售渠道，还通过品牌塑造、包装设计、营销推广等手段，显著提高了农产品的附加值。在电商平台上，农民可以更加注重产品的品质和特色，通过讲述农产品的故事、展示其生产过程等方式，将产品的独特价值和文化内涵传递给消费者。这种情感化的营销方式，不仅增强了消费者对产品的认知和信任，还激发了他们的购买欲望，从而提高了农产品的售价和销量。

品牌塑造是提升农产品附加值的重要手段。电商平台为农民提供了创建和宣传自有品牌的机会。通过注册商标、设计包装、打造品牌形象等方式，农民可以将自己的生态农业产品与其他同类产品区分开来，形成独特的品牌优势。同时，电商平台还能提供品牌策划、营销推广等一站式服务，帮助农民更好地打造和推广自己的品牌。

除了品牌塑造，情感化营销也是提高农产品附加值的有效途径。电商平台为农民提供了与消费者直接沟通的平台，使他们能够及时了解消费者的需求和反馈。农民可以通过讲述农产品的故事、分享生产过程中的趣事等方式，与消费者建立情感联系，增强消费者对农产品的认同感和归属感。这种情感化的营销方式，不仅能够提高农产品的附加值，还能促进农产品的口碑传播，为生态农业产品的长期发展奠定坚实基础。

电商平台的兴起，为农民提供了更多的增收渠道和创业机会。许多农民通过电商平台销售自家的生态农业产品，实现了收入的显著提升。这些成功案例，不仅激发了更多农民投身生态农业的热情，也促进了生态农业产业的快速发展。

同时，电商平台为农民提供了直接面向市场的机会，使他们能够及时了解市场动态和消费者需求。通过电商平台的数据分析和消费者反馈，农民可以准确把握市场趋势，调整生产计划和产品策略，以更好地适应市场需求，提高农业生产效益。

二、推广数字农业技术

数字农业技术，作为现代农业发展的前沿领域，正引领着农业生产方式向智能化、精准化和高效化的新阶段迈进。这一技术革命的核心在于信息技术与农业生产的深度融合，它不仅为传统农业注入了新的活力，更为生态农业的可持续发展提供了坚实的技术支撑。数字农业技术的广泛应用，能够有效提升生产效率，优化资源配置，降低生产成本，同时显著提升农产品的品质与安全水平，为农业绿色转型和高质量发展奠定了坚实基础。

在数字时代，数字平台已成为农业技术咨询和培训的重要工具。这些平台通过整合行业内外优质资源，以线上课程、专家讲座、技术论坛、互动问答等多种形式，为广大农民提供了便捷、高效的学习途径。服务内容广泛，涵盖了生态农业技术、土壤管理、病虫害防控、精准农业实践等多个方面，旨在帮助农民全面掌握先进的生态农业理念和技术手段，提升其科技素养和创新能力。

线上课程以其灵活性和可重复性，使农民能够根据自己的时间安排和学习进度，随时随地获取所需知识。专家讲座和技术论坛则通过邀请行业内的权威专家和学者，就热点问题进行深入探讨和交流，为农民提供了与行业前沿对话的机会，拓宽了他们的视野。此外，数字平台还能根据农民的学习行为和反馈，运用大数据分析技术，为他们量身定制个性化的学习方案，确保培训内容贴近实际需求，实现学以致用，真正将所学知识转化为推动农业生产的实际动力。

数字农业技术的另一大亮点在于其能够实现对农业生产环境的实时监测和数据分析，为精准种植和养殖提供科学依据。通过在农田和养殖场部署各类传感器，以及应用物联网技术，农业生产过程中的关键参数，如土壤湿度、温度、养分含量、光照强度、空气湿度、动物生长状况等，均可被实时采集并上传至云端数据库。随后，借助大数据分析和机器学习算法，这些数据被转化为对农业生产具有指导意义的决策支持信息。在种植业中，农民可以根据土壤监测数据，精准调整施肥量、灌溉频率和病虫害防治策略，实现水肥一体化管理和病虫害的绿色防控。这种基于数据的精准管理，不仅提高了作物的生长效率和产量，还显著减少了化肥和农药的使用量，降低了对环境的负面影响。在养殖业中，通过监测动物的生长速度、体重变化、饲料消耗、健康状况等关键指标，农民可以及时调整饲料配方、优化饲养环境和管理策略，确保动物健康成长，提高肉、蛋、奶等产品的品质和安全性。

数字农业技术在优化资源配置和降低生产成本方面的作用也同样显著。通过智能灌溉系统，农民可以根据作物的实际水分需求，实施定时、定量、定点的精准灌溉，既满足了作物生长的需要，又避免了水资源的浪费。智能农机设备的应用，如无人驾驶的播种机、收割机、无人机喷洒系统等，不仅大幅提高了作业效率，还减少了人力成本，使农业生产更加高效、安全。此外，数字农业技术还能为农民提供及时、准确的市场信息和价格动态，帮助他们更好地把握市场趋势，制定合理的销售策略和价格定位。通过构建农产品电子商务平台，农民可以直接与消费者对接，减少中间环节，拓宽销售渠道，提高产品附加值。同时，利用大数据分析预测市场需求变化，农民可以提前调整生产计划，避免产能过剩或短缺，实现供需平衡，进一步提升生态农业的经济效益。

三、建立生态农业品牌

品牌是农产品的重要无形资产，它不仅能够提升农产品的知名度和美誉度，还能增强消费者的信任感和忠诚度。对于生态农业而言，建立品牌是提升农产品市场竞争力和附加值的关键举措。数字平台作为信息传播和品牌推广的重要渠道，为生态农业品牌的建立和推广提供了有力支持。

数字平台以其信息传播速度快、覆盖面广、互动性强等特性，成为生态农业品牌宣传和推广的重要阵地。社交媒体、短视频平台、电商平台等数字工具，为农民和生态农业企业提供了展示产品、分享经验、传播理念的广阔舞台。在社交媒体上，农民可以通过发布图文、视频等形式，生动展现生态农业的生产过程、产品特色和品牌故事，吸引消费者的关注和兴趣。短视频平台则以其直观、生动、易于分享的特点，成为展示生态农业魅力和品牌形象的绝佳选择。农民可以通过拍摄短视频，记录农产品的生长过程、品质检测、包装运输等环节，让消费者直观感受到生态农业的严谨与用心。电商平台则为生态农业品牌提供了直接面向消费者的销售渠道，农民可以开设自己的店铺，展示和销售生态农业产品，并利用平台的营销工具进行品牌推广和促销活动。这种线上线下的融合模式，不仅拓宽了销售渠道，还增强了与消费者的互动和沟通。

数字平台的推广和宣传对生态农业产品的知名度和美誉度提升具有显著作用。通过线上线下的互动，农民与消费者之间的距离被大大拉近，双方建立了更加紧密的联系。直播成为展示生态农业产品品质和特色的重要手段，农民可以通过直播形式，实时展示农产品的生长环境和生产过程，让消费者亲眼见证生态农业的严谨与用心。短视频则通过剪辑和制作，将农产品的特点和优势以更加生动、直观的方式呈现给消费者。社交媒体和电商平台上的消费者反馈和评价，对提升农产品的美誉度至关重要。农民可以积极收集消费者的反馈和评价，及时改进产品和服务，提升消费者满意度。同时，通过分享消费者的好评和体验，可以进一步增强消费者对品牌的信任和认可。

生态农业品牌的建立，不仅关系农产品的市场竞争力和附加值，更关乎生态农业产业的持续发展和转型升级。品牌化的生态农业产品往往能够获得更高的售价和销量，从而激励更多农民投身于生态农业的发展。同时，品牌化的生态农业产品更加注重品质和特色，能够推动生态农业产业向高端化、差异化方向发展。

品牌化的生态农业产品通常具有独特的品质和特色，能够满足消费者对高品质、健康、环保农产品的需求。这种需求驱动的市场机制，可以激励农民更加注重农产品的品质和特色，推动生态农业产业向更加精细化、专业化的方向发展。此外，品牌化的生态农业产品还能够带动相关产业的发展和升级，如农产品加工、乡村旅游等，从而形成生态农业产业链和产业集群，实现生态农业的可持续发展。同时，品牌化的生态农业产品还能够提升整个产业的形象和声誉。通过品牌建设和推广，可以塑造生态农业产业绿色、健康、环保的形象，增强消费者对生态农业的认知和信任。这种信任和认可将推动生态农业产业向更加规范化、标准化的方向发展，提升整个产业的竞争力和影响力。

第三节　保护和强化农业固碳增汇能力

农业固碳增汇能力，即农业生态系统通过光合作用、土壤固碳等方式吸收和储存大气中的二氧化碳，对缓解全球变暖具有不可替代的作用。因此，保护和强化农业固碳增汇能力已成为当前农业发展的重要方向。

一、实施农田碳汇项目

农田碳汇项目旨在通过一系列农业管理措施，提高农田生态系统的碳储存能力，从而减缓气候变化。实施农田碳汇项目，可从优化耕作制度和种植固碳作物两个方面入手。

（一）优化耕作制度

耕作制度的优化是提升农田碳汇能力的核心。传统的耕作方式，如连续单作、过度耕作等，会破坏土壤结构，加速土壤有机质的分解，导致土壤碳的大量流失。相反，合理的耕作制度能够维持土壤碳的稳定性，甚至促进土壤碳的积累。

具体而言，采用轮作、间作、套种等多样化的耕作方式，可以有效增加土壤有机质的含量。轮作能打破土壤中的病虫害和杂草的生命周期，减少农药和化肥的使用，同时不同作物对土壤养分的吸收和利用存在差异，有助于土壤养分的均衡。间作和套种则能充分利用光照、水分和养分等资源，提高农田生态系统的生产力和稳定性。这些耕作方式都能在一定程度上提高土壤的固碳能力。

此外，减少化肥和农药的使用也是优化耕作制度的重要一环。化肥和农药的过度使用会导致土壤污染和生态破坏，加速土壤碳的分解和释放。因此，推广有机肥和生物防治等绿色农业技术，对保持土壤的健康和稳定至关重要。有机肥能增加土壤有机质的含量，改善土壤结构，提高土壤的保水保肥能力。生物防治则能减少农药的使用，保护农田生态系统的生物多样性。

在具体实施中，应针对不同地区的土壤类型、气候条件、作物种类等因素，制定差异化的耕作制度。例如，在干旱地区，可以采用节水灌溉和耐旱作物轮作的方式；在湿润地区，可以推广水稻与旱作物的轮作制度。通过科学规划和管理，实现农田生态系统的碳储存和农业生产效益的双赢。

（二）种植固碳作物

种植固碳作物是提升农田碳汇能力的另一大策略。固碳作物是指那些能够高效吸收和储存二氧化碳的作物，它们通过光合作用将大气中的二氧化碳转化为有机物，储存在植物体内和土壤中。

豆科植物是固碳作物的典型代表。它们通过根瘤菌的固氮作用，能增加土壤中的氮素含量，同时促进植物的生长和固碳。此外，豆科作物的根系分泌物还能促进土壤微生物的活性，进一步加速土壤有机质的转化。因此，在农田中种植豆科植物，不仅能提高土壤的肥力，还能增强农田的碳汇功能。

除了豆科植物外，一些深根系作物如玉米、小麦等也具有较好的固碳能力。它们的根系能深入土壤深层，吸收和利用土壤中的养分和水分，同时将深层的二氧化碳固定到土壤中。这些作物在生长过程中，还能通过叶片的光合作用将大气中的二氧化碳转化为有机物，进一步增加农田的碳储存量。

在种植固碳作物时，需充分考虑作物的生长周期、产量、市场需求等因素。通过合理的种植结构和轮作制度，实现固碳作物与粮食作物的协调发展。例如，可以设置固碳作物与粮食作物的轮作制度，既保证粮食作物的产量，又提高农田的碳储存能力。同时，还可以利用数字化手段对作物的生长过程进行监测和管理。通过安装传感器、摄像头等设备，实时监测作物的生长状况和环境参数，如土壤湿度、温度、光照强度等。这些数据可以为作物的精准管理提供科学依据，确保作物的健康生长和高效固碳。

二、推广农业废弃物资源化利用

农业废弃物是农业生产过程中产生的副产品，种类繁多，包括农作物秸秆、畜禽粪便、农业塑料薄膜等。这些废弃物若处理不当，不仅会占用大量土地，造成环境污染，还会在分解过程中释放温室气体，加剧全球气候变暖。因此，推广农业废弃物资源化利用，不仅有助于减轻环境污染，减少温室气体排放，还能提高资源利用效率，促进农业可持续发展。

（一）农业废弃物的数字化监测

数字化监测技术为农业废弃物的资源化利用提供了强有力的技术支撑。通过安装数字化设备，如传感器、摄像头等，可以实现对农业废弃物从产生、收集、运输到最终处理的全过程实时监测。这种技术的应用，不仅显著提高了废弃物管理的效率与精确度，还确保了整个处理过程的安全性与合规性。

在具体实践中，构建农业废弃物数字化管理平台是至关重要的一步。该平台能够实时接收并存储来自各监测点的数据，包括废弃物的种类、数量、位置等信息。同时，利用大数据分析、人工智能等先进技术对这些数据进行深度挖掘与分析，可以揭示废弃物产生的时空分布特征、种类与数量变化趋势等关键信息。这些信息为制定更加科学、合理的资源化利用方案提供了坚实的数据支撑，有助于实现废弃物的精准管理和高效利用。

此外，数字化监测平台还实现了废弃物处理过程的透明化、可追溯性。无论是废弃物的收集、运输还是处理环节，都能在平台上留下清晰的"足迹"。这不仅便于监管部门进行监督和管理，确保废弃物处理的合法合规，还能为社会公众提供了解农业废弃物处理情况的途径，增强公众对农业废弃物资源化利用的信任和支持。

（二）农业废弃物的资源化利用

农业废弃物的资源化利用途径广泛且多样，涵盖了生物质能源、有机肥料、饲料、工业原料等多个领域，具有巨大的潜力和价值。

农作物秸秆是农业生产中最常见的废弃物之一，含有丰富的生物质能。通过压缩成型、气化等技术手段，可以将其转化为生物质燃料，如秸秆煤、秸秆气等。这些生物质燃料不仅为农村能源供应提供了新途径，还减少了对传统化石能源的依赖，降低了能源成本。同时，秸秆还可作为饲料添加剂或有机肥料，为畜牧业和种植业提供优质的原料，促进农业循环经济的发展。

畜禽粪便富含氮、磷、钾等营养元素，是优质的有机肥料来源。通过堆肥发酵、厌氧消化等技术处理，不仅可以有效减少粪便对环境的污染，还能生产出高品质的有机肥料。这些有机肥料能够改善土壤结构，提高土壤肥力，促进作物生长，提高农产品品质。此外，粪便中的生物质能还可以通过沼气发电等方式得到利用，为农村提供清洁、可再生的能源。

农业塑料薄膜在农业生产中广泛使用，但其废弃后难以降解，对环境造成长期污染。因此，加强农业塑料薄膜的回收与再利用至关重要。通过建立完善的回收体系，鼓励农民积极参与薄膜回收，可以减少薄膜对环境的污染。同时，研发可降解塑料薄膜替代品也是解决这一问题的重要途径。通过研发新型可降解材料，逐步减少传统塑料薄膜的使用量，降低对环境的负担。

三、加强森林、草地等生态系统保护

森林、草地等生态系统作为地球生态系统的重要组成部分，具备强大的固碳增汇能力。然而，由于人类活动的持续干扰和破坏，这些生态系统的固碳能力正逐渐减弱。因此，加强森林、草地等生态系统的保护，对于提升农业及整体生态系统的固碳增汇能力具有举足轻重的作用。

（一）森林生态系统的数字化监测与保护

森林生态系统，凭借其茂密的植被、丰富的生物多样性以及碳储存能力，被誉为"地球之肺"。它在维持全球生态平衡、促进生物多样性及调节气候等方面发挥着不可替代的作用。但近年来，非法砍伐、火灾、病虫害等人为因素以及自然灾害的频发，使森林生态系统面临严峻挑战，其健康与稳定受到严重威胁。为有效应对这些挑战，利用数字化手段进行监测与保护已成为保护森林生态系统的有效途径和必然趋势。

在数字化监测技术的应用上，卫星遥感技术凭借其覆盖范围广、监测精度高等优势，在森林生态系统监测中发挥着核心作用。通过高分辨率卫星图像，我们可以实时监测森林覆盖的变化，包括森林面积的增减、植被类型的转变等，为评估森林生态系统的健康状况提供直观依据。同时，卫星遥感技术还能及时发现火灾、病虫害等异常情况，为快速响应和有效处置赢得宝贵时间，降低灾害损失。

无人机巡检作为数字化监测的另一种重要手段，以其灵活性高、监测精度高、作业成本低等特点，在森林生态系统监测中展现出巨大潜力。无人机搭载高清摄像头和传感器，可以对森林进行低空飞行巡检，获取更为详尽和精确的监测数据，包括植被生长状况、土壤侵蚀情况、野生动物活动轨迹等。尤其在复杂地形或难以到达的区域，无人机巡检能够克服传统监测方法的局限，实现全面、高效的监测。

物联网技术也是数字化监测的重要工具。通过在森林中布置传感器网络，我们可以实时监测土壤湿度、温度、光照强度等环境参数，以及树木的生长状况，如树高、胸径、冠幅等。这些数据对于评估森林生态系统的健康状况、预测生态变化趋势以及制定科学合理的保护措施至关重要。同时，物联网技术还能实现数据的远程传输和实时分析，为森林生态系统的精准管理提供科学依据。

为整合数字化监测数据，提高森林生态系统的管理效率，建立森林生态系统数字化管理平台显得尤为重要。该平台应具备数据接收、存储、分析、展示等多重功能，能够实时接收来自卫星、无人机、物联网等渠道的监测数据，并进行统一管理和分析。通过大数据分析、人工智能等技术手段，我们可以对监测数据进行深度挖掘与智能分析，揭示森林生态系统的内在规律和变化趋势。同时，数字化管理平台还能实现数据的可视化展示，为决策者提供直观、清晰的决策依据。

在数字化管理平台的建设过程中，我们应注重数据的准确性和完整性，确保监测数据的真实可靠。此外，还应加强平台的安全性和稳定性，防止数据泄露和丢失。通过不断完善和优化数字化管理平台的功能和性能，我们可以实现对森林生态系统的全面、精准、高效管理。

在保护措施的制定与实施方面，完善并执行相关法律法规是保护森林生态系统的基石。我们应加强森林保护相关法律法规的制定与修订工作，明确保护范围、保护措施和法律责任等内容。同时，加大执法力度，严厉打击非法砍伐、盗伐等违法行为，确保森林资源不受侵害。

生态修复与重建是恢复森林生态系统结构和功能的重要手段。对于已受损的森林区域，我们应采取植树造林、森林抚育等措施进行生态修复与重建。通过科学合理的规划和设计，选择适宜的树种和植被类型进行种植和恢复，逐步恢复森林生态系统的生物多样性和碳储存能力。

森林病虫害的防治是保护森林生态系统健康稳定的关键环节。利用数字化手段进行森林病虫害的预警与防治，可以实现对病虫害的及时发现和有效控制。我们应建立病虫害数据库，运用机器学习算法预测病虫害发生趋势和危害程度；同时，采取物理、生物、化学等综合防治措施，降低病虫害对森林生态系统的危害。此外，还应加强病虫害防治的宣传教育和培训工作，提高公众对森林病虫害防治的认识和参与度。

（二）草地生态系统的数字化监测与保护

草地生态系统，作为地球上不可或缺的生态系统类型之一，不仅是重要的碳储存库，还在畜牧业生产中发挥着举足轻重的作用。它对维护生态平衡、促进经济发展具有深远意义。然而，随着人类活动的加剧，过度放牧、土地退化、气候变化等一系列问题正悄然威胁着草地生态系统的健康与稳定，导致其生态服务功能逐渐衰退。因此，加强草地生态系统的数字化监测与保护，既是提升农业固碳增汇能力、促进草地可持续发展的关键环节，也是实现生态文明建设目标的重要举措。

在草地生态系统的数字化监测与保护工作中，遥感监测技术凭借其独特优势发挥着至关重要的作用。利用卫星遥感技术，可以实现对草地生态系统的大范围、实时监测，获取植被覆盖度、生物量、土壤湿度等关键指标数据。这些数据为草地生态系统的健康评估提供了有力依据，有助于及时发现草地退化、土壤侵蚀等生态问题，为后续的生态保护与修复工作指明方向。

无人机巡检技术则是数字化监测的另一重要手段。无人机搭载多光谱相机、激光雷达等设备，可以对草地生态系统进行高精度、高分辨率的监测。这种监测方式不仅能够获取植被生长状况、土壤类型、水分分布等详细信息，还能实现草地生态系统的三维建模，为草地改良与管理提供更加精细化的科学依据。

物联网监测技术的引入，进一步提升了草地生态系统数字化监测的智能化水平。在草地中布置传感器网络，可以实时监测土壤温度、湿度、pH值等环境参数，以及草地的生物多样性和生产力等关键指标。这些数据为草地生态系统的精准管理提供了有力支持，有助于实现草地资源的合理利用与保护。

在草地生态系统的保护方面，制定并实施科学合理的保护措施至关重要。围栏封育与轮牧制度是保护草地生态系统的重要手段之一。通过围栏封育，限制放牧活动，为草地植被提供充分的恢复与生长时间。同时，实施合理的轮牧制度，避免过度放牧导致的草地退化，保持草地的生态平衡。

在退化严重的草地区域，采取人工种草与草地改良等措施是恢复草地生产力的有效途径。通过人工种植适宜的草种，提高草地的植被覆盖度和生物多样性。同时，结合草地改良技术，如施肥、灌溉、松土等，改善草地的土壤环境，增强其固碳能力，提升草地的生态服务功能。

政策引导与市场机制的建立，对于激发牧民保护草地的积极性具有重要作用。应制定相关政策，鼓励牧民参与草地生态系统的保护与建设，如提供技术支持、资金补贴等；同时，建立草地生态系统碳汇交易机制，将草地固碳能力转化为经济效益，让牧民在保护草地的同时获得实际经济回报，从而激发其保护草地的内在动力。

宣传教育与社区参与是提升草地生态系统保护意识的关键。应加强宣传教育，提高牧民对草地生态系统保护的认识和意识，增强其保护草地的责任感和使命感。同时，鼓励社区参与草地保护活动，形成政府、企业、社区、牧民共同参与的草地保护格局，共同推动草地生态系统的可持续发展。

第四节　建设智慧绿色乡村，引导农村生活方式低碳转型

在推进农业固碳增汇的同时，引导农村生活方式低碳转型也是实现乡村振兴和生态文明建设的重要一环。智慧绿色乡村的建设，旨在通过数字化手段，促使农民形成低碳、环保的生活方式，推动农村地区的可持续发展。

一、推广智能家居

随着科技的飞速发展和数字化手段的不断创新，智能家居设备在农村地区的推广与应用逐渐成为可能，并展现出巨大的潜力和价值。这些先进

设备不仅极大地提升了农民的生活便利性，还显著提高了能源利用效率，有效减少了能源消耗和碳排放，为农村地区的绿色发展贡献了力量。

智能家居设备以其智能化和自动化的特点，为农民带来了全新的生活体验。例如，智能灯光系统能够利用光学传感器实时监测环境光线，根据实际需要自动调节灯光亮度，既满足照明需求，又避免能源浪费。智能温控系统则根据室内外温度差异，自动调节室内温度，使农民在享受舒适环境的同时，有效减少空调或取暖设备的能耗。这种按需使用、精准控制的模式，既提升了农民的生活质量，又显著降低了能源消耗。

此外，智能家居设备还具备强大的数据分析能力，能够为农民提供科学的能源使用建议。智能电表实时监测家庭用电情况，通过数据分析为农民提供详细的用电报告和节能建议，帮助他们了解用电习惯和能耗情况，从而采取更合理的用电方式。智能能源管理系统则根据家庭用电习惯和设备使用情况，优化能源分配，提高能源利用效率。这些智能化的建议和管理方式，使农民能够更加科学、合理地使用能源，进一步降低碳排放。

智能家居设备在农村地区的推广还能促进农村基础设施的智能化升级。通过建设智能乡村电网、智能乡村安防系统等基础设施，实现对乡村基础设施的远程监控和智能化管理。这不仅提高了乡村治理的效率，还为农民提供了更加安全、便捷的生活环境。例如，智能乡村电网能够实时监测电网运行状态，及时发现并处理故障，确保电力供应的稳定性和可靠性；智能乡村安防系统则能够实时监测乡村安全状况，及时预警和处理安全隐患，为农民的生命财产安全提供有力保障。

二、倡导绿色出行

交通碳排放是农村地区碳排放的重要组成部分，对农村环境的可持续发展构成了严峻挑战。为了有效降低交通碳排放，我们必须积极利用数字化手段，大力推广绿色出行方式，如电动车、公共交通等，构建低碳、环保的交通体系。

政府可以出台一系列激励政策，鼓励农民购买和使用电动车。电动车以其零排放、低噪音、低能耗的特点，成为绿色出行的理想选择。政府可以通过提供电动车购买补贴，减轻农民的购车负担，激发其购买意愿。同时，政府可以考虑免征或减征电动车的购置税，进一步降低农民的购车成本。此外，为了保障电动车的便捷使用，政府还应加大基础设施建设力度，建设覆盖广泛的电动车充电站和换电站。这些基础设施的完善，不仅能解决电动车的续航问题，还能提升农民对电动车的接受度和使用信心，从而推动电动车在农村地区的普及。

政府应积极推动公共交通在农村地区的普及和发展，提高公共交通的便捷性和覆盖率。针对农村地区公共交通体系相对滞后的现状，政府应加大投入，建设更多的公交线路，优化公交班次，确保农民能够便捷地乘坐公共交通。同时，政府还可以利用数字化手段对公共交通进行智能化管理，提高公共交通的效率和便捷性。例如，通过手机 App 提供实时公交信息、在线购票等服务，使农民能够随时随地掌握公交动态，减少等待时间，提高出行效率。

此外，政府还应倡导农民采取步行、骑行等低碳出行方式。步行和骑行不仅能够减少碳排放，还能增强农民的体质和健康水平。为了实现这一目标，政府可以加强基础设施建设，建设乡村绿道、自行车道等，为农民提供安全、便捷的步行和骑行环境。这些基础设施的建设，不仅能提升农民的出行体验，还能促进乡村旅游业的发展，为农村地区的经济发展注入新的活力。同时，政府还可以通过举办步行、骑行等活动，提高农民对低碳出行方式的认知和接受度，形成积极向上的绿色出行氛围。

三、加强乡村环境治理

乡村环境治理是智慧绿色乡村建设的重要内容之一。通过利用数字化手段监测和管理乡村环境，可以有效推动垃圾分类、污水处理等环保措施的实施，进而改善乡村生态环境。

政府应积极推动垃圾分类在农村地区的普及和实施。为此，需建设垃圾分类收集站、分类垃圾桶等基础设施，为农民提供垃圾分类的便利条件。

同时，利用数字化手段对垃圾分类进行智能化管理，如开发手机 App 提供垃圾分类指南、在线预约垃圾分类回收等服务。为推动垃圾分类的深入实施，政府还应出台相关政策，如设置垃圾分类奖励机制、对乱扔垃圾行为进行处罚等。此外，政府需加强宣传和教育力度，提高农民对垃圾分类的认知和理解。具体而言，可以通过电视、广播、网络等媒体平台宣传垃圾分类的好处和必要性；通过举办讲座、培训班等活动，提高农民对垃圾分类的了解和操作能力。

政府还应积极推动污水处理在农村地区的普及和实施。为此，需建设污水处理设施、完善污水收集管网等基础设施，提高乡村污水处理的效率。同时，利用数字化手段对污水处理进行智能化管理，如通过远程监控系统实时监测污水处理设施的运行状态，通过数据分析优化污水处理工艺等。

此外，政府可以利用数字化手段对乡村环境进行实时监测和管理。例如，通过安装传感器和摄像头等设备，实时监测乡村空气、水质等环境参数。同时，利用数据分析对乡村环境进行预警和预测，为政府制定环保政策提供科学依据。

四、建设智慧乡村管理系统

智慧乡村管理系统的建设是智慧绿色乡村建设的重要组成部分。通过建设智慧乡村管理系统，可以实现对乡村基础设施、公共服务等方面的智能化管理，提高乡村治理的效率。

智慧乡村基础设施管理系统的构建，为乡村的"硬件"设施提供了全方位的智能监护。这一系统如同乡村的"健康管家"，能够实时监测乡村电网的电压稳定、电流分布，及时预警潜在的电力故障，确保乡村居民的用电安全。同时，它还能监控供水设施的运行状态，包括水压、水质等关键指标，一旦发现异常，立即通知维护人员进行处理，保障乡村居民的饮水安全。对于乡村道路，系统则通过安装在关键路段的传感器，收集交通流量、车速等数据，分析交通拥堵、事故多发点等信息，为政府优化路网结构、提升交通安全提供决策支持。此外，系统还能基于历史数据和实时监测结果，对基础设施进行预防性维护，减少突发故障，延长设施使用寿命，为乡村发展奠定坚实基础。

智慧乡村公共服务管理系统的建立，让乡村的"软件"服务更加贴心、高效。在教育领域，系统能够整合乡村学校的教学资源，实现远程教育资源的共享，缩小城乡教育差距。同时，通过对学生学习数据的分析，为每位学生提供个性化的学习建议，提升教育质量。在医疗方面，系统能够连接乡村医疗机构，实现远程诊疗、健康档案管理等功能，让乡村居民在家门口就能享受到优质的医疗服务。在文化服务方面，系统能根据乡村居民的文化需求，推荐适合的文化活动，丰富乡村文化生活，促进乡村文化的传承与发展。通过智能化管理公共服务项目，系统能够精准匹配供需，优化资源配置，提高服务效率，让乡村居民享受到更加便捷、贴心的服务。

智慧乡村社会治理系统的引入，为乡村的和谐稳定提供了强有力的技术支持。在治安方面，系统通过视频监控、人脸识别等技术，实现对乡村治安的全方位监控，有效预防和打击违法犯罪行为。在消防方面，系统能够实时监测火灾隐患，快速响应火警，减少火灾损失。在环保方面，系统则能实时监测乡村环境质量，如空气质量、水质等，及时预警环境污染事件，为政府制定环保政策、开展环境治理提供科学依据。通过数据分析，系统还能对社会治理中的潜在风险进行预警，为政府决策提供前瞻性的参考，使乡村社会治理更加精准、高效，为乡村居民营造一个安全、和谐的生活环境。

五、加强乡村生态文明建设

乡村生态文明建设是智慧绿色乡村建设的终极愿景，其核心在于提升乡村的整体环境质量，改善农民的生活品质，实现人与自然和谐共生。这不仅是对传统乡村发展模式的一次深刻变革，更是对未来乡村可持续发展的长远布局。

政府应将乡村绿化工作作为生态文明建设的首要任务。绿化不仅美化环境，更能改善空气质量，提升生态服务功能。通过科学规划，大规模种植适宜本地生长的树木，不仅可以增加乡村的绿化面积，还能有效吸收二氧化碳，释放氧气，缓解温室效应。同时，建设乡村公园、绿地和休闲区，为农民提供休闲娱乐的好去处，增强乡村的宜居性和吸引力。此外，构建生态廊道和生物多样性保护区，对于维护乡村生态平衡、保护珍稀物种、防止生物多样性的丧失具有不可估量的价值。政府应鼓励农民参与植树造林、湿地恢复等生态修复工程，形成全社会共同参与的良好氛围。

乡村环境保护工作是生态文明建设的另一大支柱。面对日益严峻的环境污染问题，政府必须加大环境监测和监管力度，利用现代信息技术建立环境监测网络，实时掌握乡村环境质量状况，及时发现并处理环境污染问题。同时，推广环保技术和设备，如污水处理设施、垃圾处理设备、生态农业技术等，减少农业生产、生活污水和固体废弃物的排放，减轻对环境的压力。政府还应制定严格的环保法规，对污染行为进行严厉处罚，形成有效的环保约束机制。此外，应鼓励农民采用绿色生产方式，减少化肥、农药的使用，保护土壤和水资源，实现农业生产的可持续发展。

乡村文化建设在生态文明建设中扮演着不可或缺的角色。乡村不仅是物质生产的场所，更是文化传承的载体。政府应深入挖掘和保护乡村的文化遗产和民俗传统，如古建筑、传统节日、民间艺术等，通过修缮保护、活态展示等方式，让乡村文化焕发新的生机。同时，举办各类文化活动和文化节庆，如农耕文化节、民俗文化节等，既丰富了农民的精神文化生活，又增强了农民对生态文明建设的认同感和参与度。通过这些活动，传递生态文明理念，引导农民树立尊重自然、顺应自然、保护自然的生态文明观，形成人与自然和谐相处的良好风尚。

第五节　政策激励与市场机制创新

在智慧绿色乡村建设的过程中，政策激励与市场机制创新犹如双轮驱动，为农业绿色低碳转型注入了强大动力。通过精准施策、灵活高效的市场运作以及严密科学的监管评估体系，我们不仅能够激发农民和企业的内在活力，还能促进农业资源的集约高效利用，显著降低环境污染，确保农业生产踏上可持续发展的快车道。

一、制定精准扶持政策

政府应出台一系列扶持政策，为那些勇于采用数字化技术推动农业绿色低碳转型的农民和企业提供坚实后盾。具体措施如下。

第一，财政补贴强化支持。政府应设立专项扶持基金，对积极采纳智能农业装备、精准农业技术、生态农业模式等数字化手段，有效减少化肥农药使用、提升水资源利用效率、促进废弃物资源化利用的农民和企业，给予财政补贴。这不仅能降低他们的转型成本，更能极大地提升他们的转型热情。

第二，税收减免激励绿色生产。对于符合绿色低碳标准的农产品，政府应实施税收减免政策，以此鼓励农民和企业生产更多绿色、健康、有机的农产品，满足市场对高品质食品的需求，同时促进农业产业的绿色升级。

第三，全方位支持体系。政府还应通过提供低息贷款、专业技术支持、系统化人才培训等多维度支持，帮助农民和企业跨越转型过程中的资金、技术、人才等障碍，为他们的绿色低碳转型之路保驾护航。

同时，在制定这些扶持政策时，政府需注重政策的精准匹配和针对性。一方面，要根据不同地区的自然条件、经济发展水平、农业产业结构等实际情况，量身定制差异化的扶持政策，确保政策能够精准滴灌到真正有需要的农民和企业。另一方面，政府要密切关注政策执行过程中的反馈和问题，及时调整和完善政策，确保政策的有效性和长期可持续性。

二、构建完善的市场机制

推动建立农业碳汇交易机制，是激发农业绿色低碳发展内生动力的重要举措。具体措施如下。

第一，农业碳汇交易机制创新。农业碳汇，即农业活动通过减少碳排放、增加碳吸收等方式形成的碳储存量，是一种宝贵的生态资源。通过建立农业碳汇交易机制，我们可以将农业碳汇转化为一种可交易的商品，让农民和企业通过减少碳排放、增加碳汇等方式获得经济回报，从而形成绿色低碳发展的良性循环。

第二，政府引导与市场主导相结合。在建立农业碳汇交易机制的过程中，政府应充分发挥引导作用。首先，要明确农业碳汇的界定标准和计算方法，为碳汇交易提供科学依据；其次，要建立完善、便捷的碳汇交易平台，为农民和企业提供高效、透明的交易服务；再次，政府可以通过提供碳汇交易补贴、设立碳汇基金等方式，降低交易成本，提高市场参与度；最后，政府应加强对碳汇交易的监管和评估，确保交易的公平、公正和透明，严防市场操纵和欺诈行为。

第三，探索多元化市场机制。除了农业碳汇交易机制外，政府还应积极探索绿色金融产品、碳排放权交易等其他市场机制，为农业绿色低碳转型提供更多元化的市场激励。通过市场机制的创新和完善，我们可以引导更多社会资本投入农业绿色低碳领域，促进农业资源的优化配置和高效利用。

三、强化监管与评估体系

建立健全数字化赋能农业绿色低碳转型的监管和评估体系，是确保各项政策措施有效实施和目标顺利实现的重要保障。具体措施如下。

第一，加强监管力度。政府应加大对农业绿色低碳转型的监管力度，建立健全相关法规和标准体系，明确各部门职责分工，形成协同监管的合力。同时，要加强对农民和企业的指导和培训，提高他们的环保意识和法律意识，引导他们自觉遵守相关法律法规和标准。

第二，利用现代信息技术提升监管效能。在监管过程中，政府应充分利用现代信息技术手段，提高监管的精准性和时效性。通过建立农业绿色低碳转型的监测网络和数据库，实时掌握农业资源利用、环境污染、碳排放等关键指标的变化情况，为政策制定和监管提供科学依据。此外，还可以利用大数据、人工智能等技术手段，对农业绿色低碳转型的成效进行实时监测和预警，及时发现并解决问题。

第三，建立完善的评估体系。政府还应建立完善的评估体系，对农业绿色低碳转型的成效进行定期评估。评估内容应涵盖政策实施的效果、目标的实现程度、农民和企业的满意度等多个方面。通过评估，可以及时发现政策执行过程中的问题和不足，为政策的调整和完善提供重要参考。同时，评估结果还可以作为政府绩效考核的重要依据，激励各部门和地区积极履行职责，推动农业绿色低碳转型的深入发展。

第四，注重社会力量的参与和监督。在加强监管与评估的过程中，政府应充分注重社会力量的参与和监督。通过设立举报奖励制度、开展公众满意度调查等方式，鼓励社会各界积极参与农业绿色低碳转型的监督工作，形成全社会共同参与的良好氛围。此外，政府还应加强与科研机构、高校、企业等的合作与交流，共同开展农业绿色低碳转型的研究和探索，为政策制定和实施提供智力支持和技术保障。

第六章 河南省乡村数字化赋能农业绿色
低碳转型的实践探索

河南省在推动乡村数字化赋能农业绿色低碳转型的过程中，积极探索农业生产智能化技术的应用。通过智能设备，实现了精准种植与养殖，有效提高了农业资源利用效率。同时，数字化技术还深入融入乡村治理，构建了智慧乡村平台，优化了公共服务，提升了治理效能。此外，数字化技术在农业服务领域也得到了广泛应用，有力地助力了农产品上行，促进了农民增收。这些实践探索为河南省农业绿色低碳转型注入了新活力，推动了乡村振兴战略的深入实施。

第一节 农业生产智能化技术的应用

在河南省的农业生产实践中，智能化技术的应用已成为推动农业绿色低碳转型的重要驱动力。通过集成应用物联网、大数据、人工智能等现代信息技术，河南省的农业生产正经历着从粗放式管理向精细化、智能化管理的深刻转变。这一转变不仅显著提高了农业生产效率，还有效促进了农业的可持续发展，为河南省乃至全国的农业现代化进程树立了新典范。

一、智能化技术在种植业中的应用

在河南省的种植业领域，智能化技术的广泛应用已经取得了显著成效。这些前沿技术不仅显著提升了农作物的产量和品质，还有效降低了农业生产对环境的影响，为农业的绿色低碳转型注入了强劲动力。

（一）智能灌溉系统

智能灌溉系统是种植业智能化技术的核心组成部分。该系统通过高精度传感器实时监测土壤湿度、气温、降雨量以及作物生长周期等关键环境参数，并结合先进的算法模型，自动调节灌溉量和灌溉时间，确保作物得到精准、适量的水分供给。

这一技术的应用，有效避免了水资源的浪费，显著提高了灌溉效率。据统计，智能灌溉系统能够使水资源利用率提升 20%—30%，同时有效减少化肥因过度灌溉而流失的情况，从而降低对水体和土壤的污染。此外，智能灌溉系统还大大降低了农民的劳动强度。传统灌溉方式依赖农民的经验判断，不仅耗时耗力，还容易因判断失误导致水资源浪费或作物受损。而智能灌溉系统则可根据实时监测数据自动调节灌溉参数，农民只需通过手机或电脑即可远程监控灌溉情况，实现轻松管理。

（二）无人机与卫星遥感技术

无人机与卫星遥感技术在河南省种植业中的应用同样广泛且深入。这些技术凭借高精度传感器和先进的图像处理算法，能够实时监测作物的生长状况、病虫害情况以及农田环境质量等多维度信息。

通过数据分析，农民可以精准地掌握病虫害的分布区域和严重程度，从而采取针对性的防治措施，大幅减少农药的使用量。同时，卫星遥感技术还能为农民提供农田的土壤养分分布、作物生长状况等详细信息，帮助他们制定更加科学的施肥计划，提高肥料利用率，进一步降低对环境的污染。

相较于传统病虫害防治方式，无人机和卫星遥感技术具有显著优势。传统方式往往依赖农民的经验判断，容易导致农药和化肥的浪费，甚至可能对环境和人体健康造成潜在危害。而无人机和卫星遥感技术则通过实时监测和数据分析，精准确定病虫害的分布区域和严重程度，从而采取针对性的防治措施，大大提高了防治效果，保护了生态环境和农民的健康。

（三）智能化温室

智能化温室是种植业中另一项重要的智能化技术。通过集成应用物联网、传感器、自动控制系统等先进技术，智能化温室能够实时监测温室内的温度、湿度、光照等关键环境参数，并根据作物的生长需求自动调节环境参数，为作物提供最佳的生长环境。

智能化温室的应用，不仅显著提升了作物的生长效率和品质，还大幅降低了温室气体的排放。传统温室往往需要通过人工调节环境参数来保持适宜的生长环境，这不仅耗时耗力，还容易因调节不当导致作物受损。而智能化温室则通过实时监测和自动调节环境参数，为作物提供最为适宜的生长环境，从而大幅提高了作物的生长效率和品质。

此外，智能化温室还通过优化能源利用和减少温室气体排放来降低对环境的影响。例如，采用节能型的加热、通风和照明设备，以及利用太阳能等可再生能源，有效降低了温室的能耗和碳排放。这些措施不仅促进了农业的绿色低碳转型，还为可持续农业发展提供了有力支撑。

二、智能化技术在畜牧业中的应用

在畜牧业领域，河南省积极探索智能化技术的应用，旨在提高生产效率、降低生产成本、减少环境污染，推动畜牧业向现代化、智能化方向迈进。这些技术的融入，不仅提升了畜牧业的生产管理水平，也为畜牧业的可持续发展注入了新活力。

（一）智能养殖系统

智能养殖系统是畜牧业智能化技术的核心组成部分。它依托物联网技术，实时监测动物的生长状况、健康状况及饲养环境，为畜牧业生产提供了精确的数据支持。传感器作为智能养殖系统的关键设备，能够实时监测动物的体温、心率等生理指标，以及饲料消耗、饮水情况等饲养环境参数。这些数据通过无线传输方式即时发送至云端服务器，农民可通过手机或电脑远程监控动物的生长状况，随时了解动物的健康状态和饲养环境。

智能养殖系统的应用，不仅提高了动物生长监测的精准度和效率，还显著减轻了农民的劳动强度。传统畜牧业中，农民需通过观察和经验来判断动物的健康状况和生长情况，这不仅耗时耗力，还易因判断失误导致动物受损或疾病传播。而智能养殖系统则通过实时监测和数据分析，准确判断动物的健康状况和生长情况，农民只需通过手机或电脑即可远程监控，大大减轻了劳动强度。

同时，智能养殖系统还能根据动物的生长需求和饲养环境参数，自动调节饲料配比、饮水温度等饲养条件，为动物提供最佳的生长环境。这一技术的应用，不仅加快了动物的生长速度，提升了动物品质，还降低了饲料消耗和饲养成本。通过数据分析，农民可以掌握动物的生长规律和饲养需求，从而制定更科学的饲养计划，提高饲料利用率和动物的生产性能。

（二）智能识别技术

智能识别技术在畜牧业中也得到了广泛应用。通过图像识别、声音识别等技术手段，智能识别系统能够准确识别动物的种类、年龄、性别等信息，为畜牧业生产提供精确的数据支持。

在奶牛养殖中，智能识别技术的应用尤为显著。通过图像识别技术，智能识别系统能够自动识别奶牛的体型、花纹等特征，从而准确区分奶牛的种类和个体。同时，系统还能通过声音识别技术，判断奶牛的发情状态和产奶情况。这些数据为农民提供了科学的饲养依据，帮助他们制定更合理的饲养计划，提高奶牛的生产性能。

此外，智能识别技术还可用于动物疫病防控。通过实时监测动物的体温、心率等生理指标，智能识别系统能够及时发现动物的异常情况，从而采取针对性的防治措施，有效防止疫病的传播和扩散。这一技术的应用，不仅提高了疫病防控的精准度和效率，还降低了疫病对畜牧业生产的影响。

（三）畜牧业废弃物智能化处理技术

畜牧业废弃物处理是畜牧业生产中不可或缺的一环。智能化技术的应用，为畜牧业废弃物的处理提供了新的解决方案。通过生物发酵等处理方式，将畜牧业废弃物转化为有机肥料或生物能源，既实现了资源的循环利用，又减少了环境污染。

在河南省的一些大型养殖场中，智能化废弃物处理系统得到了广泛应用。这些系统采用生物发酵技术，将粪便等废弃物转化为有机肥料，用于农田施肥。这一技术的应用，不仅解决了畜牧业废弃物处理问题，还实现了资源的有效利用。同时，智能化废弃物处理系统还能通过实时监测和数据分析，优化处理工艺和参数，提高处理效率和产品质量。

此外，智能化废弃物处理系统还可应用于畜牧业废弃物的能源化利用。通过厌氧发酵等技术手段，将畜牧业废弃物转化为生物能源，如沼气、生物柴油等。这些能源不仅可满足养殖场自身的能源需求，还可出售给周边企业和居民，实现经济效益和社会效益的双赢。

三、智能化技术在渔业中的应用

随着数字化技术的迅猛发展与广泛渗透，智能化技术正逐步融入河南省的渔业生产中，为这一既古老又重要的产业注入了崭新的活力，有力地推动了渔业的现代化转型与可持续发展进程。智能化技术的应用不仅显著提升了渔业生产效率，降低了运营成本，还极大地增强了渔业资源的保护与利用水平，有效减少了环境污染，为渔业的绿色发展奠定了坚实的技术基础。

（一）智能养殖设备

智能养殖设备作为渔业智能化技术的核心构成部分，通过高度集成传感器、自动控制系统等尖端科技，实现了对养殖环境的全方位、实时监测与精准管理。传感器，犹如智能养殖设备的"慧眼"与"敏耳"，能够实时捕捉养殖水体的 pH 值、溶解氧含量、氨氮浓度等一系列关键水质指标，以及鱼类的生长速度、体重变化、摄食情况等详尽生长信息。这些数据通过先进的无线传输技术被迅速收集并上传至云端服务器，渔民只需轻轻一点手机或电脑，即可随时随地远程查看养殖环境的实时状态，从而及时发现潜在问题并迅速采取相应管理措施。

智能养殖设备的应用，极大地提升了养殖管理的科学性与精准度。例如，当监测系统检测到水质中的溶解氧含量低于预设阈值时，系统会自动启动增氧设备，确保鱼类生长所需的氧气供应始终充足；当发现鱼类生长速度放缓或摄食量异常下降时，渔民可根据系统提示及时调整投喂策略，优化饲料配比，以有效提升鱼类的生长速度与品质。此外，智能养殖设备还能根据季节更迭、天气变化等外部因素，自动调节养殖环境的温度、光照等条件，为鱼类营造最适宜的生长环境。

进一步而言，智能养殖设备还具备智能预警功能，能够提前预测并防范可能发生的养殖风险，如疾病暴发、水质恶化等，为渔民提供及时有效的应对建议，进一步降低养殖风险，提高养殖成功率。

（二）渔业资源保护与利用

智能化技术在渔业资源保护与利用方面发挥着举足轻重的作用。通过精准捕捞与智能养殖技术的有机结合，渔业生产能够大幅减少对渔业资源的浪费与破坏，实现渔业资源的可持续利用与发展。

在捕捞作业中，渔民可以充分利用智能识别系统的强大功能，准确识别鱼类的种类、大小及生长阶段，从而采取更加针对性的捕捞措施。对于幼鱼及珍稀鱼类，智能识别系统能够自动将其排除在捕捞范围之外，有效避免对这些敏感群体的误捕与伤害。同时，智能捕捞设备还能够根据鱼类的生长周期、繁殖习性及种群数量等关键信息，制定出更加科学合理的捕捞计划，确保捕捞活动不会对渔业资源造成过度压力，保障渔业资源的长期可持续发展。

在渔业资源监测与评估方面，智能化技术同样发挥着不可替代的作用。通过无人机、遥感监测等高科技手段，可以实时获取渔业资源的分布状况、种群数量、迁徙路径等关键信息，为渔业资源的科学管理与可持续利用提供有力数据支持。此外，智能化技术还可以深入应用于渔业资源的遗传育种、疾病防控及生态修复等多个领域，有效提高渔业资源的抗病能力、繁殖效率及生态适应性，全面推动渔业生产的绿色可持续发展。

（三）渔业废弃物处理技术

渔业废弃物处理是渔业生产中一个不可忽视的重要环节。智能化技术的应用为渔业废弃物的处理提供了全新的解决方案与路径。通过生物发酵、厌氧消化等先进处理方式，可以将渔业废弃物有效转化为有机肥料或生物能源，实现资源的循环利用与环境的保护双赢。

在河南省的一些现代化渔场中，智能化废弃物处理系统已得到广泛应用与推广。这些系统通过高效的生物发酵技术，将养殖废水和废弃物转化为富含养分的有机肥料，用于农田施肥或园艺种植；同时，通过厌氧消化技术，将废弃物转化为沼气等清洁生物能源，用于发电、供暖或作为燃料使用。这些废弃物处理系统不仅彻底解决了渔业废弃物的处理问题，还实现了资源的循环利用与环境的保护双重目标。

此外，智能化废弃物处理系统还具备实时监测与数据分析功能，能够根据实际处理情况与优化需求，自动调整处理工艺与参数设置，进一步提高处理效率与产品质量。同时，系统还能对处理过程中产生的数据进行深度挖掘与分析，为渔业的绿色发展与可持续发展提供有力决策支持。

第二节　数字化技术在乡村治理中的应用

乡村治理是国家治理的基石，有效的乡村治理和高质量的乡村建设依赖于合理的治理体系、健全的治理机制、先进的技术支撑以及多元的治理手段。当前，随着信息技术的迅猛发展，以数字化为代表的新兴技术不断革新，我国已迈入数字社会快速发展的新阶段，数字乡村成为未来农村社会形态的发展新趋势。利用数字化赋能乡村治理，引领农业农村现代化，已成为推动新时代乡村经济社会高质量发展的重要途径。[①]

一、数字化技术助力乡村政务

数字化技术在乡村政务领域的广泛应用，犹如一座桥梁，连接了政府与民众，使乡村治理更加高效、透明，极大地提升了农民群众的获得感和幸福感。

（一）电子政务平台

电子政务平台是数字化技术在乡村政务中的核心应用，其重要性不言而喻。该平台通过整合各类政务服务资源，为农民提供了涵盖户籍管理、土地确权、社会保障、医疗卫生、教育就业等多个领域的在线服务。农民只需轻点鼠标或滑动手机屏幕，即可轻松查询政策法规、了解政务动态、提交申请材料、跟踪办事进度，真正实现了"让数据多跑路，让群众少跑腿"。

---

① 李三辉．河南省数字技术赋能乡村治理的实践探索与优化路径［J］．洛阳理工学院学报（社会科学版），2024，39（6）：41-46.

在河南省的许多乡村，电子政务平台已成为农民办理政务服务事项的首选途径。无论是申请宅基地审批、办理新农合报销，还是查询养老金发放情况，农民都能享受到便捷、高效的在线服务。这不仅极大地节省了农民的时间成本和经济成本，还提高了政府服务的满意度和公信力。

此外，电子政务平台还通过数据共享和流程优化，实现了政务服务事项的跨部门协同办理。这意味着，农民在办理涉及多个部门的复杂事项时，无需再奔波于各个部门之间，而是可以在电子政务平台上一次性提交所有材料，由平台自动流转至相关部门进行审批，从而大大提高了办事效率。

（二）移动政务 App

移动政务 App 作为数字化技术在乡村政务中的另一项重要应用，其便捷性和互动性深受农民群众好评。通过下载并安装移动政务 App，农民可以随时随地查看政府公告、了解村务动态、参与民主监督、提出意见建议。这一应用不仅拓宽了农民获取信息的渠道，还增强了农民对政府工作的监督力度和参与热情。

在河南省的一些乡村，移动政务 App 已经实现了村务公开、村民议事、在线投诉举报等多项功能。农民可以通过 App 查看村里的财务状况、项目进展、政策落实等情况，对村务管理提出自己的意见和建议。同时，App 还设置了在线投诉举报功能，农民可以通过该功能向政府反映问题、举报违法行为，有效维护了自己的合法权益。

移动政务 App 的应用，不仅提高了农民的参与度和满意度，还增强了政府对乡村治理的掌控力和执行力。政府可以通过 App 收集和分析农民的意见和建议，及时调整工作策略和改进服务方式，以更好地满足农民的需求和期望。同时，政府还可以通过 App 对农民反映的问题进行及时回应和处理，有效化解社会矛盾，维护乡村社会的和谐稳定。

二、数字化技术促进乡村社会治理

数字化技术在乡村社会治理层面发挥了重要作用，有力推动了乡村社会治理的现代化进程。通过数字化技术的深入应用，乡村社会治理的精准性、时效性和协同性均得到了显著提升，为乡村社会的和谐稳定与繁荣发展奠定了坚实基础。

（一）数字化乡村治理平台

数字化乡村治理平台是数字化技术在乡村社会治理中的核心应用之一。它依托现代信息技术手段，将乡村社会事务的管理和服务整合到一个统一的平台上，实现了信息的集中化、标准化和智能化处理。

在数字化乡村治理平台的支持下，政府能够实时监控乡村环境卫生、社会治安、消防安全等方面的动态情况。通过安装摄像头、传感器等监控设备，平台能够实时采集乡村社会事务的相关数据，并进行智能分析和预警。例如，当乡村环境卫生出现问题时，平台会自动发送预警信息给相关部门和责任人，提醒他们及时采取措施进行整改。这种实时监控和预警功能不仅提高了政府对乡村社会事务的响应速度，还有效降低了管理成本，提升了治理效率。

此外，数字化乡村治理平台还促进了信息的共享和协同处理。政府、社会组织、企业和农民等各方可以通过平台实现信息的互联互通，共同参与到乡村社会治理中来。这种协同治理的模式不仅增强了乡村社会治理的合力，还促进了资源的优化配置和高效利用。

在河南省的一些乡村，数字化乡村治理平台已经得到了广泛应用。这些平台不仅实现了对乡村社会事务的实时监控和预警，还提供了在线办事、政策咨询、民主监督等多样化服务。农民可以通过手机或电脑等终端设备，随时随地了解政策信息、办理政务事项、参与民主监督。这种便捷的服务方式不仅提高了农民的满意度和幸福感，还增强了他们对政府的信任和支持。

（二）数字化乡村矛盾纠纷调解平台

数字化乡村矛盾纠纷调解平台是数字化技术在乡村社会治理中的另一项重要应用。它利用现代信息技术手段，将矛盾纠纷调解的过程数字化、网络化和智能化，为农民提供了更加便捷、高效和公正的调解服务。

在数字化乡村矛盾纠纷调解平台上，农民可以方便地反映矛盾纠纷、寻求法律援助和调解服务。他们可以通过手机或电脑等终端设备，在线提交矛盾纠纷的投诉和调解申请，并实时查看调解进度和结果。这种在线调解方式不仅节省了农民的时间和精力，还提高了调解的效率和公正性。

同时，数字化乡村矛盾纠纷调解平台还提供了法律援助和心理咨询等多样化服务。平台可以邀请专业律师和心理咨询师入驻，为农民提供法律咨询和心理疏导等服务。这些服务不仅有助于解决矛盾纠纷，还能提高农民的法治意识和维权能力。

在河南省的一些乡村，数字化乡村矛盾纠纷调解平台已经得到了广泛应用。这些平台不仅实现了在线调解、法律援助、心理咨询等功能，还建立了完善的调解机制和流程。当农民遇到矛盾纠纷时，他们可以通过平台提交投诉和调解申请，并等待专业调解员进行调解。调解员会根据相关法律法规和调解规则，对矛盾纠纷进行公证调解，并及时将调解结果反馈给农民。同时，调解结果也会记录在平台上，供后续查询和跟踪。

三、数字化技术助力乡村环境治理

数字化技术在河南省乡村环境治理领域的运用，为乡村环境的保护与改善开辟了新路径。借助数字化技术，乡村环境治理在精准度、效率及可持续性方面均实现了显著提升。

（一）数字化乡村环境监测系统

数字化乡村环境监测系统是数字化技术在乡村环境治理中的核心应用，犹如乡村环境的"守护者"，时刻监测着环境质量的微妙变化。该系统融合物联网、大数据等现代信息技术，实现了对乡村环境质量、污染源排放等信息的实时监控与预警，为政府提供了精准、全面的环境数据支撑。

在河南省的部分乡村，数字化乡村环境监测系统已得到广泛应用。这些系统通过部署传感器等设备，实时监测空气质量、水质、土壤质量等关键数据，并即时上传至云端服务器进行分析处理。一旦监测到环境质量异常或污染源排放超标，系统会自动向相关部门和责任人发送预警信息，提醒他们及时采取干预措施。

数字化乡村环境监测系统的应用，不仅增强了政府对乡村环境质量的掌控力和执行力，还为制定科学合理的环境保护政策提供了数据依据。政府可依据实时监测数据，分析乡村环境质量的变化趋势和污染源分布，从而制定更加精准有效的环境保护措施。同时，该系统还为农民提供环境信息查询服务，帮助他们实时了解乡村环境质量状况，提升他们的环保意识和参与度。

此外，数字化乡村环境监测系统还可与其他数字化平台集成，构成乡村环境治理的"智慧中枢"。通过整合各类环境数据和信息，系统能够实现对乡村环境治理的全方位、多角度分析和预测，为政府提供更加全面、科学的决策支持。这种智能化的环境治理模式，既提高了治理效率，又降低了治理成本，为乡村环境的可持续发展奠定了坚实基础。

（二）数字化乡村垃圾分类与回收系统

数字化乡村垃圾分类与回收系统是数字化技术在乡村环境治理中的另一项重要应用，它如同乡村环境的"清洁者"，引导农民积极参与垃圾分类和回收活动，推动资源的循环利用和环境的可持续发展。

在河南省的部分乡村，数字化乡村垃圾分类与回收系统已得到广泛应用。这些系统通过提供在线预约回收、积分兑换等功能，为农民提供了便捷、高效的垃圾分类和回收服务。农民可通过手机或电脑等终端设备，在线预约回收废旧物品，并实时查看回收进度和积分情况。同时，系统根据农民的分类情况和回收量，给予相应积分奖励，激励农民积极参与垃圾分类和回收活动。

数字化乡村垃圾分类与回收系统的应用，不仅提高了垃圾分类的效率和准确性，还促进了资源的循环利用和环境的可持续发展。通过在线预约回收和积分兑换等功能，农民能够更便捷地处理废旧物品，减少了随意丢弃和污染环境的行为。同时，系统对回收的废旧物品进行分类处理，将其转化为可再利用资源，实现了资源的循环利用和环境的可持续发展。

此外，数字化乡村垃圾分类与回收系统还可与数字化乡村治理平台集成，形成乡村环境治理的"智慧网络"。通过整合各类垃圾分类和回收数据和信息，系统能够实现对乡村垃圾分类和回收情况的全面、实时分析和预测，为政府提供更加精准、有效的决策支持。

在数字化乡村垃圾分类与回收系统的推动下，河南省的部分乡村已形成良好的垃圾分类和回收氛围。农民积极参与垃圾分类和回收活动，不仅改善了乡村环境质量，还促进了资源的循环利用和经济的可持续发展。这种以数字化技术为支撑的乡村环境治理模式，不仅为河南省的乡村环境治理提供了新方案，也为其他地区的乡村环境治理提供了有益借鉴和启示。

第三节 数字化技术在农业服务中的应用

数字化技术在农业服务领域的广泛应用，为河南省的农业生产带来了更加便捷、高效的服务体验。借助数字化技术，农民能够更轻松地获取市场信息、技术指导和销售服务，进而提升了农业生产效率。

一、数字化技术在农产品流通领域的应用

数字化技术在农产品流通中的应用，不仅为农民拓展了新的销售渠道，还极大地提升了农产品的流通效率，对传统农产品流通模式产生了深远影响。

（一）电商平台：架起农民与消费者的直接桥梁

电商平台是数字化技术在农产品流通中最直观、最显著的应用形式之一。这些平台凭借互联网技术的优势，为农民提供了一个直接面向消费者的销售窗口。通过电商平台，农民可以绕过传统的批发商、零售商等中间环节，直接将农产品上架销售，与全国乃至全球的消费者建立直接联系。

对于农民而言，电商平台的出现意味着他们能够获得更大的利润空间。传统农产品流通模式中，中间环节繁多、费用高昂，导致农民最终收益有限。而电商平台通过减少中间环节，使农民能够直接与消费者交易，从而增强了他们的议价能力和利润空间。同时，电商平台提供的在线支付、物流配送等一站式服务，也为消费者带来了更加便捷、安全的购物体验。

在河南省，众多农民通过电商平台成功将农产品推向全国市场。他们利用电商平台的流量优势和推广机制，不断提升农产品的知名度和竞争力。同时，电商平台也为河南省的农产品品牌建设和口碑传播提供了有力支撑。通过电商平台的宣传和推广，河南省的农产品逐渐在全国范围内树立了良好的品牌形象和口碑。

（二）直播带货：开启农产品销售新篇章

直播带货是近年来兴起的一种新型数字化营销手段，在农产品流通中表现尤为突出。通过直播平台，农民或农业主播可以实时展示农产品的生长环境、品质特点等，与消费者进行互动交流，从而增强消费者对农产品

的信任度和购买意愿。

在直播带货过程中，农民或农业主播可以通过直播镜头向消费者展示农产品的生长环境、采摘过程等，让消费者更加直观地了解农产品的品质和特点。同时，他们还可以通过直播与消费者进行实时互动，解答消费者的疑问，进一步增强消费者对农产品的信任度和购买意愿。

在河南省，许多农民和农业企业都尝试通过直播带货的方式销售农产品。他们利用直播平台与消费者建立联系，展示自己的农产品和种植过程，吸引了大量观众关注。许多消费者在观看直播后，对河南省的农产品产生了浓厚兴趣，纷纷下单购买，为河南省农产品的销售开辟了新的渠道。

（三）溯源管理：确保农产品质量与安全

数字化技术还应用于农产品的溯源管理中，通过二维码、物联网等技术手段，实现农产品的全程可追溯。消费者只需扫描农产品上的二维码，即可获取农产品的生产地、种植过程、采摘时间、质量检测报告等详细信息。

在河南省的农产品流通中，溯源管理技术的应用已经取得了显著成果。许多农产品生产企业和合作社都建立了自己的溯源管理系统，通过二维码等技术手段实现了农产品的全程可追溯。这不仅提升了农产品的透明度和可信度，还促进了农产品的品牌建设和口碑传播。消费者在购买农产品时，更加关注产品的品质和安全性。通过溯源管理，消费者可以更加直观地了解农产品的生产过程和品质特点，从而更加信任和认可这些农产品。

（四）质量控制：守护农产品品质生命线

数字化技术在农产品质量控制中发挥着重要作用。通过大数据分析、智能检测等技术手段，可以对农产品的品质进行精准评估和监测。

在河南省的农产品流通中，质量控制技术的应用已经取得了显著成效。

许多农产品生产企业和合作社都建立了自己的质量控制体系，利用大数据分析等技术手段对农产品的生长环境、营养成分、病虫害情况等进行全面监测和分析，从而及时发现并解决农产品质量问题。这使得河南省的农产品品质得到了显著提升，赢得了消费者的广泛认可。

（五）供应链优化：提升农产品流通效率

数字化技术还可以应用于农产品供应链的优化中。通过智能物流、仓储管理等手段，可以实现农产品的快速配送和高效存储，减少损耗和浪费。同时，数字化技术还可以帮助农民和物流企业实现精准对接，提高物流资源的利用率和运营效率，进一步降低农产品的运营成本。

在河南省的农产品流通中，供应链优化技术的应用已经取得了显著成果。许多农产品生产企业和合作社都建立了自己的供应链管理系统，通过智能物流等技术手段实现了农产品的快速配送和高效存储。同时，他们还与物流企业建立了紧密的合作关系，实现了农产品的精准对接和高效配送。这使得河南省的农产品流通效率得到了显著提升，库存周转率、物流配送速度等都得到了大幅提高，同时降低了运营成本，提高了农民和企业的利润空间。

二、数字化技术在农业金融服务中的应用

数字化技术在农业金融服务领域的广泛应用，为农民提供了更加便捷、高效的金融服务选项，极大地促进了农业金融服务的创新与发展。

（一）金融科技平台

金融科技平台的崛起，为河南省的农民带来了前所未有的贷款便利。以往，农民需亲自前往银行网点，排队等待完成贷款申请、审批和放款等一系列烦琐流程。如今，通过金融科技平台，农民可享受在线申请、审批、放款等一站式服务，贷款流程大幅简化。他们只需在家中或田间，通过手

机或电脑即可轻松完成贷款申请，无需再为贷款而奔波。

金融科技平台不仅简化了贷款流程，还降低了农民的融资成本和时间成本。传统贷款方式中，农民需支付较高的利息和手续费，而金融科技平台通过优化贷款产品和利率，为农民提供了更实惠的贷款选项。同时，平台还可根据农民的信用状况、还款能力等因素，为其量身定制贷款产品和还款计划，提高了贷款的针对性和灵活性。

在河南省，众多金融科技平台已与当地金融机构建立紧密合作关系，共同为农民提供优质贷款服务。这些平台利用大数据、人工智能等技术，对农民信用状况进行精准评估，为他们提供更精确的贷款额度和利率。同时，平台还提供了丰富的贷款产品选择，如短期贷款、长期贷款、信用贷款等，满足了农民的多样化需求。

（二）农业保险

数字化技术还广泛应用于农业保险领域，为河南省农民提供了更全面、便捷的保险服务。传统农业保险方式中，农民需亲自前往保险公司或代理机构办理投保和理赔等手续，过程烦琐且耗时。如今，通过金融科技平台，农民可享受在线投保、理赔等一站式服务，保险服务效率和便捷性大幅提高。

农业保险的数字化应用不仅提高了服务效率，还降低了农民的经营风险和损失。农业生产过程中，农民面临自然灾害、病虫害等多种风险，而农业保险可为他们提供有效的风险保障和经济补偿。通过金融科技平台，农民可更便捷地了解保险产品的种类、保障范围、保费费率等信息，并根据实际需求选择适合的保险产品。同时，数字化技术还可帮助保险公司实现精准定价和风险评估，为农民提供更合理的保险产品和保费费率。

在河南省，许多保险公司已推出针对农业的保险产品，如农作物保险、养殖业保险等。这些保险产品通过金融科技平台进行销售和推广，吸引了大量农民的关注和购买。同时，保险公司还利用数字化技术对农民的农业生产过程进行实时监测和分析，及时发现并预警潜在风险点，为农民提供更精准的保险服务和风险建议。

（三）风险管理

数字化技术在农业金融风险管理中的应用也具有重要意义。传统风险管理方式中，金融机构主要依靠人工审核和判断农民的信用状况和还款能力，存在较大的主观性和不确定性。如今，通过大数据分析和模型预测等手段，金融机构可实时监测和分析农民的经营状况、还款能力等风险因素，及时发现并预警潜在风险点。

数字化技术的应用不仅提高了金融机构的风险防控能力，还为农民提供了更精准的金融服务和风险管理建议。金融机构可利用大数据技术对农民的信用记录、历史贷款记录等信息进行深度挖掘和分析，为农民提供更准确的信用评级和贷款额度。同时，金融机构还可利用模型预测技术对农民的未来还款能力进行预测和评估，为农民提供更合理的还款计划和利率选择。

在河南省，许多金融机构已建立完善的风险管理体系和数字化技术应用体系。他们利用大数据、人工智能等技术手段对农民的信用状况和风险状况进行实时监测和分析，及时发现并预警潜在风险点。同时，这些金融机构还通过金融科技平台为农民提供风险教育和咨询服务，帮助他们增强风险意识和防范能力。

（四）普惠金融

数字化技术有助于推动普惠金融在农村地区的普及和发展。传统金融服务方式中，金融机构往往更注重城市地区的业务发展，而农村地区则面临金融服务匮乏的问题。如今，通过金融科技平台，金融机构可更便捷地触达农村地区的农民和小微企业，为他们提供更全面、高效的金融服务。

普惠金融的数字化应用不仅有助于扩大金融服务的覆盖范围，还促进了农村地区的经济发展和社会进步。在河南省，许多金融机构已利用金融科技平台为农村地区的农民和小微企业提供贷款、支付、理财等多样化的金融服务。这些服务不仅满足了农民和小微企业的金融需求，还促进了他们的生产发展和经济增收。

同时，数字化技术还可帮助金融机构实现精准营销和个性化服务。金融机构可利用大数据技术对农民和小微企业的金融需求进行深度挖掘和分析，为他们提供更精准的金融产品和服务推荐。这种个性化服务不仅提高了金融服务的满意度和忠诚度，还促进了金融机构与农民和小微企业之间的良性互动和合作。

（五）金融服务创新

数字化技术为农业金融服务的创新提供了无限可能。通过金融科技平台、区块链等技术手段，金融机构可开发出更多样化、个性化的金融产品和服务，满足农民和小微企业的不同需求。

在河南省，许多金融机构已开始进行农业金融服务的创新实践。他们利用金融科技平台为农民和小微企业提供更便捷、高效的贷款服务，如线上申请、审批和放款等。同时，他们还利用区块链等技术手段提高金融服务的透明度和安全性，如利用区块链技术实现贷款合同的智能化管理和执行等。

数字化技术还可促进金融机构之间的合作与共享。在河南省，许多金融机构已建立金融信息共享平台，实现金融信息的共享和交流。同时，数字化技术还可帮助金融机构实现金融资源的优化配置和高效利用，如通过大数据分析对金融资源进行合理配置和调度等。

三、数字化技术在农业教育与培训中的应用

数字化技术的迅猛发展，为农业教育与培训带来了前所未有的变革，为农民开辟了一条更加便捷、高效的培训和教育路径，极大地推动了农业教育的现代化和国际化进程。

（一）在线教育平台

在线教育平台是数字化技术在农业教育与培训中最直观且最受欢迎的应用之一。在过去，农民为了学习农业知识和技能，往往需要长途跋涉，亲自前往学校或培训机构参加线下课程，如今这一切都已发生了翻天覆地的变化。通过在线教育平台，农民无论身处何地，只要有网络和设备，就能轻松参与到农业知识和技能的培训中来，真正实现了"随时随地，想学就学"。

在线教育平台为农民提供了丰富多样、形式各异的学习资源。这些平台不仅涵盖了农业基础知识、种植技术、养殖技术、农产品加工等多个专业领域，还以视频课程、音频课程、图文教程等多种形式呈现，充分满足了农民多样化的学习需求和学习风格。农民可以根据自己的时间安排和学习进度，灵活选择适合自己的课程和学习方式，进行自主学习和互动交流，极大地提高了学习的效率和效果。

在河南省，众多在线教育平台已经与当地的农业院校、科研机构、培训机构等建立了紧密的合作关系，共同构建起一个完善的在线教育服务体系。这些平台通过整合优质的教育资源，为农民提供了系统、全面的农业知识和技能培训，有效提升了他们的生产能力和市场竞争力。同时，这些平台还紧跟农业发展的最新动态，定期更新课程内容，举办线上活动，确保农民能够掌握最新、最实用的农业知识和技能。

此外，这些在线教育平台还注重与农民的互动交流，通过设置在线问答、论坛讨论等功能，为农民提供了一个相互学习、分享经验的平台，进一步增强了学习的趣味性和实效性。

（二）个性化学习

数字化技术不仅为农民提供了便捷的学习方式，还能根据农民的个人需求，为他们提供更加个性化、定制化的学习方案和服务。通过在线教育平台的大数据分析功能，可以精准分析农民的学习需求、兴趣偏好、学习习惯等因素，从而为他们推荐适合的学习资源和课程，提供个性化的学习路径和学习建议。

在河南省，许多在线教育平台已经建立了个性化学习机制。这些平台通过收集和分析农民的学习数据和学习行为，了解他们的学习需求和兴趣偏好，然后根据这些数据和信息，为农民量身定制学习计划和课程安排。这种个性化的学习方式，不仅提高了学习的针对性和实效性，还激发了农民的学习兴趣和积极性。

同时，这些在线教育平台还不断丰富和更新学习内容，以满足农民日益多样化的学习需求。无论是种植技术、养殖技巧，还是农产品市场营销、品牌建设等方面的知识，农民都能在这些平台上找到适合自己的课程和学习资源。

（三）远程教育与培训

数字化技术的广泛应用，还有力推动了远程教育与培训在农村地区的普及和发展。通过在线教育平台、移动学习终端等手段，农民可以更加便捷地接受远程教育和培训服务，享受与城市地区同等的优质教育资源和学习机会。

在河南省，许多在线教育平台和移动学习终端已经广泛覆盖农村地区，为农民提供了便捷、高效的远程教育和培训服务。这些平台和终端不仅提供了丰富的教育资源和学习方式，还通过优化网络环境和提升设备性能，确保农民能够顺畅地进行在线学习和交流。

此外，数字化技术还帮助农民提高了自我学习和终身学习的能力。通过在线教育平台和移动学习终端，农民可以随时随地获取最新的农业知识和信息，了解农业发展的最新动态和趋势。这种持续学习的习惯和能力，对于农民适应市场变化、提高生产效益具有重要意义。同时，也为农业可持续发展和乡村振兴注入了新的活力和动力。

第七章　河南省乡村数字化赋能农业绿色低碳转型的典型案例分析

河南省在乡村数字化赋能农业绿色低碳转型方面取得了显著成效。通过乡村数字化技术的广泛应用，河南省的农业生产方式正经历着深刻变革，为农业绿色低碳转型提供了坚实支撑。

第一节　数字化技术在智慧农场中的应用

在河南省这片古老而富饶的土地上，农业作为国民经济的基石，正迎来前所未有的变革。随着数字化技术的迅猛发展，智慧农场已成为推动农业现代化进程的重要力量。通过融合 5G、大数据、物联网等先进技术，智慧农场正逐步改变传统农业的生产方式和管理模式。

一、智慧农场与传统农场的区别

智慧农场充分利用物联网、大数据、云计算和人工智能等现代信息技术，对农业生产过程进行智能化管理和优化。通过部署传感器、无人机、卫星遥感等设备，实时收集农田环境、作物生长、畜禽健康等多方面的数据，为农业生产提供科学依据。

相比之下，传统农场主要依赖人力、畜力和手工工具进行生产，缺乏现代化的技术支撑。农民在进行农业生产和管理时，往往凭借经验进行判断和决策，缺乏科学的数据支持，导致生产效率和质量难以提升。

智慧农场将农业生产过程中的各种数据进行收集、处理和分析，形成数据化的管理模式。通过数据分析和预测，农民可以及时了解农田环境、作物生长状况等信息，从而做出更加科学合理的生产决策，提高农业生产效率和产品质量。而传统农场缺乏数据化的管理模式，农业生产决策主要依赖农民的经验和感觉，这种方式存在主观性和不确定性，难以保证农业生产的稳定性和高效性。

智慧农场利用自动化设备和智能系统实现农业生产的自动化和智能化。传统农场在生产过程中，许多环节仍需人工操作，如灌溉、施肥、除草、除虫等，劳动强度大且易出现错误和遗漏，影响农业生产效率。而智慧农场通过自动化设备的应用，大大减轻了农民的劳动强度，提高了农业生产的精准度和效率。

智慧农场通过物联网技术实现农产品的全程追溯和供应链管理。消费者可以通过扫描产品上的二维码或输入相关信息，追溯到农产品的生产地、生产日期、种植过程等详细信息。而传统农场缺乏现代化的技术手段和管理模式，农产品往往难以实现全程追溯和供应链管理，消费者难以了解农产品的来源和质量信息。

此外，智慧农场还是一种更加精细化、个性化的经营模式。通过线上平台，农业生产者与消费者可以直接联系，消费者可以预先支付费用并获得一定数量的农产品或参与到农产品的生产过程中来。同时，智慧农场注重生态、环保的种植方式，强调使用有机肥料和生物防治等绿色技术，符合现代消费者对健康、环保的需求。而传统农场通常采用大规模、集中化的生产方式，以追求产量和效率为主要目标，农产品销售渠道相对单一，农民往往只能获得农产品销售环节的微薄利润。

二、河南省智慧农场概况

河南省近年来面临着全球人口持续增长和食品安全需求提升的双重挑战。传统农业在有限的土地资源上提高作物产量，同时减少对环境的影响，压力日益增大。在此背景下，智慧农场作为一种新兴的农业模式应运而生。它通过集成先进的信息技术与自动化设备，实现了农田管理的智能化与精细化。智慧农场的出现，不仅提高了农作物产量，降低了生产成本，还为现代农业发展提供了新的模式，对河南省乃至全国的农业现代化进程具有深远意义。

智慧农场的技术架构主要由感知层、网络层和应用层三大部分组成。感知层负责收集来自田间的各类信息，如气象参数、土壤湿度、作物生长状态等，这些信息的采集通常依赖于安装在地表或空中的传感器网络。网络层承担着数据传输的任务，通过无线通信技术将采集到的数据快速准确地传送到云端服务器。应用层则基于接收到的信息进行处理分析，根据预设算法生成具体的操作指令，再由执行器如机器人、无人机等执行相应任务。

在技术应用方面，河南省的智慧农场已经取得了显著成果。无人驾驶拖拉机实现了厘米级别的高精度自动驾驶，具备自动启停、农具操作、自动避让等一系列先进技术，适用于多种田间作业场景，大大提高了耕种作业质量和工作效率。无人机被广泛应用于作物监测，能够实时收集土壤湿度、作物生长状况等数据，为农民提供科学决策支持。智能灌溉系统则根据作物的实际需求自动调节水量，有效节约了水资源。此外，农情信息感知平台、农业数据分析平台、农机作业管理平台以及智慧农业应用平台等也在河南省的智慧农场中得到了广泛应用。

尽管河南省在智慧农场领域取得了显著成就，但仍面临一些挑战。高昂的初期投入是制约智慧农场发展的重要因素之一。针对这一问题，政府应加大财政补贴力度，并鼓励金融机构为智慧农场建设提供低息贷款，以减轻农户的资金压力。

技术人才短缺是当前智慧农场发展面临的一大难题。政府和企业应加强与高校及科研机构的合作，建立人才培养基地，加速培养既懂农业又精通信息技术的复合型农业技术人才。

随着智慧农场对互联网依赖程度的加深，网络安全问题也日益凸显。政府和企业应加强对网络安全的管理和防护，提高系统的安全性和稳定性，确保数据安全，防止黑客攻击。

此外，气候变化带来的不确定性也对智慧农场的发展提出了更高要求。政府和企业应重点研发适用于不同气候条件下的智能管理系统，提高系统的适应性和灵活性，以应对极端天气事件对农田管理带来的挑战。

三、典型案例分析

（一）临颍县 5G+ 智慧辣椒种植基地

临颍县，位于河南省中部，凭借其得天独厚的自然条件，已成为全国重要的小辣椒产销集散地。多年来，该县的辣椒种植面积稳定在 40 万亩左右，不仅为当地农户带来了可观的经济收益，也促进了辣椒产业链的形成与壮大。然而，辣椒种植长期面临着价格波动大、产品滞销等问题，尤其在市场波动较为剧烈的年份，农户的收益往往难以得到保障。

为了破解辣椒种植中的诸多难题，河南益民控股有限公司在临颍县投资建设了 5G+ 智慧辣椒种植示范基地。该基地充分利用 5G 网络的高速传输特性，将自研的多功能气象站、微型气象仪、水肥一体机以及搭载近地遥感技术的无人机等物联网设备的数据实时上传至大数据平台。通过大数据平台的智能分析，实现了对辣椒种植的精准化管理。

基地的智能灌溉系统能够根据土壤湿度和辣椒生长需求，实现灌溉的精准控制，有效避免了水资源的浪费。同时，水肥一体机能够根据土壤养分含量和辣椒生长阶段，精准配比肥料，提高了肥料利用率，减少了化肥的使用量。多功能气象站和微型气象仪能够实时监测温度、湿度、风速、风向等气象信息，并通过大数据平台进行分析预测，为辣椒种植提供科学的气象指导。在极端天气来临前，平台能够提前发出预警，帮助农户采取有效措施，减轻气象灾害对辣椒产量的影响。近地遥感无人机搭载高清摄像头和病虫害识别算法，能够实时监测辣椒田的病虫害情况，并通过大数据平台进行分析预警。一旦发现病虫害迹象，平台会立即通知农户，指导其进行科学防控，有效降低病虫害对辣椒产量的损失。

通过数字化技术的精准管理，基地的辣椒产量和品质得到了显著提升。据统计，与传统种植方式相比，5G+智慧辣椒种植示范基地的辣椒产量提高了20%以上，品质也更加优良，深受市场欢迎。随着辣椒产量和品质的提升，农户的年综合收入也得到了显著提高。据统计，与传统种植方式相比，参与5G+智慧辣椒种植示范基地的农户年综合收入提升了80%以上，有效带动了当地农户的增收致富。

（二）开封市尉氏县张市镇沈家村高标准农田

开封市尉氏县张市镇沈家村是一个典型的农业村庄。多年来，由于农田基础设施落后、农业生产方式粗放，导致粮食产量不高、农户收入有限。为了改变这一现状，沈家村积极响应国家关于高标准农田建设的号召，结合当地实际情况，建设了5G智慧农业云平台，实现了农田的数字化管理。

通过安装智能灌溉设备，沈家村的高标准农田能够根据土壤湿度和作物生长需求，实现灌溉的精准控制。农户通过手机App即可远程操作灌溉设备，大大提高了灌溉效率和水资源利用率。在农田中部署了土壤墒情监测设备，实时监测土壤水分、温度等参数，并通过5G网络上传至智慧农业云平台。平台能够智能分析土壤墒情数据，为农户提供科学的灌溉建议。同时，利用高清摄像头和病虫害识别算法，实时监测农田中的苗情和虫害情况。一旦发现病虫害迹象，平台会立即通知农户，并指导其进行科学防控。此外，通过接入气象数据接口，智慧农业云平台能够实时监测天气变化，并在极端天气来临前发出预警。农户可以根据预警信息提前采取措施，减轻气象灾害对农作物的影响。智慧农业云平台还集成了AI智能模拟功能，能够根据历史数据和实时数据，模拟土壤墒情、虫害发生和气象发展趋势，为农户提供科学的种植决策支持。

通过数字化技术的精准管理，沈家村的高标准农田粮食产量得到了显著提升。据统计，与传统农田相比，数字农田的亩均粮食产量提升了30%以上。数字化技术的应用，使得农田管理更加智能化、自动化。农户通过手机 App 即可远程操作灌溉设备、监测农田状况，大大减少了人工成本。据统计，每亩人工费下降了55%以上。随着粮食产量的提升和人工成本的降低，农户的亩均收入也得到了显著提升。据统计，与传统农田相比，数字农田的亩均收入提升了近一倍。数字化技术的应用，使得农田管理更加精准、高效。农户可以根据土壤墒情、虫害发生和气象发展趋势等数据进行科学决策，有效避免了农药、化肥、灌溉水等资源的过度使用。这不仅提高了农业生产效率，也实现了绿色低碳的农业生产方式。

（三）商丘市空心菜种植

在河南商丘的广袤田野上，一场农业生产的变革正悄然兴起。这里的空心菜种植户正借助现代化种植技术和设备，探索着高效、环保的农业生产新模式。

商丘的空心菜种植户已摒弃传统的灌溉方式，转而采用先进的滴灌技术。滴灌系统能够精确控制水分供给，确保每一株空心菜都能获得恰到好处的水分滋养。这种灌溉方式不仅显著提高了水资源的利用效率，还有效减少了病虫害的发生，为空心菜的健康生长提供了有力保障。同时，温室大棚的搭建为空心菜营造了一个稳定的生长环境。温室大棚能够调节温度、湿度等环境因素，使空心菜在不利的气候条件下也能茁壮成长。

在滴灌和温室技术的共同助力下，商丘的空心菜生长环境得到了极大改善。充足的水分和适宜的温度、湿度条件，使得空心菜的生长速度加快，叶片更加肥厚鲜嫩。同时，温室大棚的有效隔离大大降低了外界病虫害对空心菜的影响，减少了农药的使用量，提升了农产品的安全性。

得益于现代化种植技术和设备的广泛应用，商丘的空心菜种植户实现了高产高效的生产目标。与传统种植方式相比，现代化种植模式下的空心菜产量更高、品质更优。这不仅显著提高了种植户的经济效益，也为消费者提供了更加优质、安全的农产品。同时，现代化种植技术的运用减少了化肥、农药等农资的使用量，降低了农业生产对环境的污染，推动了农业生产的可持续发展。

（四）安阳县广润坡无人农场

在河南省安阳县的广润坡地区，传统农业与现代科技的深度融合，孕育出了一个全新的农业生产模式——无人农场。通过无人驾驶拖拉机、小型智能虫情测报仪等智能化设备与数字化管理系统的有机结合，广润坡无人农场实现了全天候、全过程、全空间的无人化作业，为现代农业的发展树立了新标杆。

在广润坡无人农场，无人驾驶拖拉机不仅具备自动驾驶能力，还能根据预设路线和作业任务自动启停、精准操作农具，甚至在复杂环境中也能自主避障。它们如同田间地头的智能机器人，不知疲倦地完成着各项耕作任务。此外，农场还配备了小型智能虫情测报仪，这些设备能够实时监测农田中的病虫害情况，通过数据分析提前预警，为农作物的健康成长提供有力保障。

除了上述设备，广润坡无人农场还引入了一系列其他智能化设备，如智能灌溉系统、无人机遥感监测等，这些设备共同构成了一个完整的智能化农业生产体系。通过物联网技术，这些设备能够实时收集并传输农田的各项数据，为数字化管理系统提供强大的数据支持。

在广润坡无人农场，数字化管理系统是智能化设备的中枢大脑。它通过对收集到的数据进行分析和处理，能够精准掌握农田的实时状况，为农业生产提供科学的决策依据。数字化管理系统还能根据历史数据和当前状况，预测未来一段时间内的天气变化和作物生长趋势，为种植户提供精准的生产指导。这种基于数据的精准决策，不仅提高了农业生产的效率和质量，还降低了生产成本和风险。

广润坡无人农场的无人化作业模式为种植户带来了显著的经济效益。首先，无人驾驶拖拉机和智能灌溉系统等设备的应用大大提高了农业生产的效率。相比传统的人工耕作方式，无人化作业能够更精准地控制耕作深度和灌溉量，减少资源浪费，提高作物产量。据统计，利用无人农场技术，种植户每亩地的粮食产量可提高125斤以上。其次，无人化作业降低了生产成本。传统农业生产需要大量人力投入，而无人农场则通过智能化设备实现了自动化作业，减少了人工成本。同时，数字化管理系统的精准决策也降低了农药和化肥的使用量，进一步降低了生产成本。据统计，利用无人农场技术，种植户每亩地的成本可降低约200元。最后，无人化作业还提高了农业生产的可持续性。智能化设备的应用减少了化肥和农药的使用量，降低了对环境的污染。通过精准灌溉和病虫害监测等措施，保护了农田的生态环境，为农业的可持续发展奠定了坚实基础。

（五）济源市高标准农田示范区

济源市，坐落于河南省西北部，历来是中原大地的农业重镇。其得天独厚的地理位置和肥沃的土地资源，为农业发展奠定了坚实的基础。然而，随着时代的变迁，传统的农田建设模式逐渐显现出局限性，难以满足现代农业对高效、集约、生态的需求。为应对这一挑战，济源市在农业现代化和乡村振兴的大潮中，毅然启动了高标准农田建设。这一举措旨在通过升级农田基础设施，优化农业生产环境，提升粮食生产能力，既为国家粮食安全提供有力保障，也为济源市的农业现代化和乡村振兴注入新的活力。济源市政府积极响应国家号召，充分发挥自身优势资源，全力推进高标准农田示范区建设，力求在农业现代化的道路上稳步前行。

《济源产城融合示范区高标准农田建设规划（2021—2030年）》的出台，为济源市高标准农田建设指明了方向。规划明确了具体建设任务：在规划期内，济源市将新增高标准农田7万亩，并对现有8万亩高标准农田进行改造升级；同时，大力发展高效节水灌溉，新增灌溉面积6万亩。这一系列举措旨在实现到2025年，高标准农田覆盖率达到63.8%，确保粮食生产功能区内高标准农田全覆盖；到 2030 年，高标准农田覆盖率进一步提升至 67.9%，高效节水灌溉率达到 48.5% 的宏伟目标。[①]在建设过程中，济源市将重点聚焦永久基本农田保护区、粮食生产功能区及大中型灌区，同时结合当地特色农业如蔬菜制种、烟叶等，致力于打造集规模化、高效化、生态化于一体的现代化高标准农田，为农业现代化和乡村振兴提供坚实支撑。

济源市高标准农田示范区的建设，是一项涉及土地整治、灌溉设施、田间道路、农田防护与生态环境保护等多方面的系统工程。在土地整治方面，通过科学规划，合理归并土地，实现了田块的适度规模化和集中连片，田面平整，耕作层厚度适宜，显著提高了山地丘陵区的梯田化率和大中型农业机械的耕作效率。在灌溉设施建设上，济源市加大了对田间灌排设施的投资，推广高效节水灌溉技术，新打机井、配套机井设备、喷灌机、水肥一体机等一应俱全，有效提升了灌溉保证率、用水效率和农田防洪排涝能力，确保了农田的旱涝保收。在田间道路建设方面，通过新建和改造田间道（机耕路）和生产路，完善桥涵配套，提高了道路的承载标准和通达性，为农机作业和生产物流提供了便捷条件。在农田防护与生态环境保护方面，济源市通过农田林网建设、岸坡防护、沟道治理等措施，有效改善了农田生态环境，增强了农田抵御风沙灾害和防治水土流失的能力，实现了农业生产与生态环境保护的和谐共生。

第二节　农产品电商平台助力绿色低碳销售

在数字化转型的浪潮中，农产品电商平台正逐渐成为连接农村与城市、农民与消费者的重要纽带。这些平台不仅有效解决了农产品销售难的问题，还有力促进了农业的绿色低碳发展。随着数字技术的不断革新和应用，农

---

① 管委会办公室.济源产城融合示范区管理委员会办公室关于印发济源产城融合示范区高标准农田建设规划（2021—2030 年）的通知［EB/OL］.（2023-05-18）［2024-12-12］.https://www.jiyuan.gov.cn/shizf/zfgb/202303/gwhbgswj_30243/202307/t905658.html.

产品电商平台将在农业领域扮演更加关键的角色，为农业现代化建设贡献更多智慧和力量。

一、农产品电商平台助力绿色低碳销售的机制

近年来，农产品电商平台发展迅速，其重要性日益彰显。农产品电商平台的核心在于整合各方资源，实现信息的快速流通和共享。生产者可以通过平台发布农产品信息，销售者能够便捷地获取货源，而消费者则能轻松购买到新鲜、优质的农产品。这一模式的出现，打破了传统农产品销售的地域限制，使农产品能够更迅速地流通至全国各地，甚至走向海外市场。

作为连接农产品生产者、销售者和消费者的桥梁，农产品电商平台在助力绿色低碳销售方面，主要体现在以下几个方面：

第一，农产品电商平台通过削减中间环节，有效降低了交易成本。传统农产品销售模式往往涉及多个中间商和复杂的流通环节，导致交易成本高昂且效率低下。而农产品电商平台能够直接连接生产者和消费者，省去不必要的中间环节，从而降低交易成本，提升销售效率。

第二，农产品电商平台通过优化供应链，显著提高了物流效率。依托先进的物流管理系统和大数据技术，农产品电商平台能够精准掌控农产品供应链，确保农产品从产地到消费地的快速、准确配送。这种优化后的供应链模式不仅缩短了物流时间，减少了农产品损耗，还降低了物流成本，为绿色低碳销售提供了有力支撑。

第三，农产品电商平台通过降低物流成本，进一步减少了能源消耗和碳排放。在传统农产品销售模式中，由于流通环节多、物流效率低下，导致能源消耗大、碳排放高。而农产品电商平台通过优化物流路径、提高车辆满载率等措施，有效降低了物流成本，同时也减少了能源消耗和碳排放，实现了绿色低碳销售的目标。

第四，农产品电商平台通过推动农产品标准化、品牌化，提升了农产品的附加值。在电商平台上，消费者对农产品的品质和安全性更加关注。因此，农产品电商平台积极推动农产品标准化生产，确保农产品质量和安

全符合国家标准。同时，通过品牌化运营，提升农产品的知名度和美誉度，从而增加农产品的附加值，为生产者带来更高收益。

二、典型案例分析

（一）洛宁县数字供销惠农服务平台

洛宁县，位于河南省豫西山区，这里山清水秀，自然资源禀赋优越，孕育了众多优质的农特产品。然而，受地理交通不便、信息闭塞等因素制约，这些优质的农产品长期难以走出山区，仅能在当地市场低价销售，甚至面临滞销困境。这不仅束缚了当地农业的发展，也影响了农民的增收致富。因此，如何打破这一瓶颈，让洛宁县的农产品走出大山，成为当地政府和农民共同面临的难题。

为解决洛宁县农产品销售难的问题，河南移动与洛宁供销社携手并进，共同搭建了数字供销惠农服务平台。该平台充分利用移动互联网、大数据等现代信息技术，将洛宁县的农产品与全国市场紧密相连。通过平台，消费者可以直观了解洛宁县农产品的生长环境、品质特色等信息，从而增强购买意愿。同时，平台还提供便捷的在线购买服务，让消费者能够轻松下单，享受送货上门的便捷。

在数字供销惠农服务平台的助力下，洛宁县的苹果、金珠沙梨、猴头核桃等优质农特产品成功走出大山，端上消费者的餐桌。这些农产品以其独特的口感和卓越的品质，赢得了消费者的广泛赞誉。通过平台，洛宁县的农产品不仅在国内市场占据一席之地，还远销海外，为当地农民带来了可观的经济效益。

数字供销惠农服务平台不仅是一个农产品销售平台，更是连接农户与市场的桥梁。在平台上，农户可以实时了解市场需求和价格动态，从而调整种植结构和销售策略。同时，平台还为农户提供技术培训、市场信息咨询等全方位服务，帮助他们提升生产能力和市场竞争力。此外，数字供销惠农服务站还通过优惠补贴等方式，让顾客在购买农产品时享受实惠，进一步促进了农产品的销售。

为进一步扩大销售规模，河南移动还助力供销社成立了直播基地。直播基地集产品展示、直播带货、互动交流等功能于一体，为农产品销售提供了全新模式。通过直播，农户可以直观展示农产品的生长环境和品质特色，与消费者进行实时互动。同时，直播基地还吸引了众多网红和主播的关注，他们通过直播带货的方式，为洛宁县的农产品带来了更多曝光和销售机会。

数字供销惠农服务平台在推动农产品销售的同时，也秉持绿色低碳的发展理念。平台鼓励农户采用生态种植、绿色防控等环保措施，同时积极推广农产品包装减量化、循环利用等环保理念，减少包装废弃物对环境的污染。通过绿色低碳的销售方式，数字供销惠农服务平台不仅为消费者提供了优质农产品，也为农业的可持续发展贡献了力量。

数字供销惠农服务平台的搭建，为洛宁县的农产品销售带来了显著成效。通过平台，洛宁县的农产品销售量大幅提升，农民的收入也显著增加。许多原本滞销的农产品，在平台的助力下成为热销产品，为农民带来了可观的经济效益。同时，平台的运营也促进了当地农业产业的发展和升级，为农业现代化建设提供了有力支撑。

（二）滑县爱心粮油有限责任公司的电商之路

在河南省安阳市滑县，有一家以诚实守信经营、热心慈善公益而著称的农产品深加工企业——滑县爱心粮油有限责任公司。该企业通过电商平台，成功将当地的优质农产品推向了全国市场。不仅构建了当地特色农产品深加工体系，还通过绿色低碳的销售方式，满足了人民群众对绿色优质农副产品的需求，为农民增收致富开辟了新途径。

滑县位于河南省东北部，拥有优质肥沃的土地资源，是河南省重要的农业生产基地。然而，过去由于销售渠道有限，当地的优质农产品难以走出县域，农民的收入增长受到制约。在这样的背景下，滑县爱心粮油有限责任公司应运而生。该企业依托滑县的农业资源，与农业科技部门携手合作，以"订单农业"的形式发展绿色种植基地，从育种、种植、管理等源头抓起，着力构建当地特色农产品深加工体系。

随着互联网技术的飞速发展，电商平台成为农产品销售的重要渠道。滑县爱心粮油有限责任公司敏锐地捕捉到了这一机遇，积极拥抱电商，将公司的农产品推向了更广阔的市场。通过电商平台，消费者可以轻松购买到来自滑县的优质农产品，如玉米糁、大豆油等。这些产品以其优良的品质和独特的口感，赢得了消费者的广泛赞誉。

在销售过程中，滑县爱心粮油有限责任公司始终坚持绿色低碳的理念。企业注重农产品的绿色种植和深加工过程，减少化肥和农药的使用，确保农产品的安全性和高品质。同时，企业还积极推广农产品包装的减量化、循环利用等环保措施，减少包装废弃物对环境的污染。通过绿色低碳的销售方式，企业不仅为消费者提供了优质农产品，也为农业的可持续发展贡献了力量。

电商平台的搭建和运营为滑县爱心粮油有限责任公司带来了显著成效。一方面，企业的销售量大幅提升，农产品的知名度和美誉度也得到了提高。通过电商平台，企业的农产品成功走出县域，走向全国市场，为农民带来了可观的经济效益。另一方面，电商平台的运营也促进了当地农业产业的发展和升级，为农业现代化建设提供了有力支撑。

（三）"豫农优品"

"豫农优品"，一个深耕于河南省的农产品电商平台，凭借其独特的定位和服务，成为连接河南省内外农产品市场的桥梁。该平台聚焦于河南省内丰富多样的农产品资源，致力于将这些优质农产品推向全国市场，打破地域壁垒，让更多人品味河南的美味。通过线上线下的深度融合，"豫农优品"为农产品生产者、批发商、零售商及广大消费者构建了一个高效便捷的交易平台，极大地促进了农产品的流通与销售。

在绿色销售方面，"豫农优品"展现出了前瞻性和责任感。在绿色包装上，平台积极推广环保包装材料，严格限制一次性塑料的使用，以降低环境污染。同时，鼓励卖家采用可降解、可循环的包装材料，既确保了农产品的安全运输，又体现了对环境的尊重与保护。在绿色认证上，平台对销售的农产品进行严格的绿色认证，确保每一款产品都符合绿色、有机等环保标准。这不仅增强了农产品的市场竞争力，也激励了更多农户采用绿色生产方式，共同推动农业可持续发展。在品质保障上，"豫农优品"对农产品实施全程质量监控，从种植、采摘、包装到运输，每一个环节都严格把关，确保消费者购买到的是优质、安全的农产品。此外，平台还利用智能物流系统，实现农产品的精准配送，减少运输过程中的损耗和排放，进一步降低了物流成本和环境影响。

"豫农优品"在线上线下融合方面也有着独到的见解和实践。在线上销售方面，平台提供了丰富多样的农产品选择，包括蔬菜、水果、粮食、肉类等，满足了不同消费者的需求。消费者只需轻点鼠标或滑动手机屏幕，就能轻松选购到心仪的农产品。在线下体验方面，平台与实体店、农贸市场等线下渠道紧密合作，实现了线上线下融合销售。消费者可以在线下实体店亲身体验农产品的品质，再通过线上平台下单购买，享受更加便捷、舒适的购物体验。这种线上线下融合的销售模式，不仅提升了消费者的购物体验，也进一步拓展了农产品的销售渠道。

（四）浚县农产品电商

浚县，这座坐落于河南省北部的古老县城，以其肥沃的土地和丰富的自然资源孕育了种类繁多、品质优良的农产品。小麦、玉米、大豆等传统粮食作物自不必说，更有蜂蜜、中药材、特色果蔬等独具地方特色的农产品，这些丰富的资源为浚县的农业发展奠定了坚实基础。然而，面对传统销售模式的局限性，如何将这些优质农产品推向更广阔的市场，成为浚县农业发展面临的一大挑战。近年来，浚县积极拥抱互联网，利用电商平台销售农产品，成功探索出一条绿色转型与品牌塑造的新路径。

针对农产品销售的新需求，浚县采取了一系列创新举措，通过电商平台实现农产品的品牌化与网络化销售。首先，浚县深入挖掘地方特色农产品，依托电商平台打造了一系列知名品牌，如"好麦滋"小麦制品、"大山蜂蜜"系列、"工匠故事"手工农产品等，共计培育了 10 余个知名品牌，并推出了 60 余款网销产品。这些产品不仅注重品质控制，从源头抓起，确保农产品的新鲜与安全，还在品牌包装上下足了功夫，通过精美的设计和富有文化韵味的故事讲述，赋予了农产品更多的文化内涵和情感价值，从而有效提升了农产品的附加值。

在品牌塑造的同时，浚县还积极探索绿色物流模式，以降低农产品销售过程中的碳排放。一方面，浚县与多家知名物流公司建立合作关系，优化物流网络，确保农产品能够快速、准确地送达消费者手中。另一方面，浚县鼓励使用环保包装材料，减少一次性塑料的使用，同时推广新能源物流车辆，如电动货车和三轮车，以减少运输过程中的碳排放。

经过几年的努力，浚县农产品电商销售取得了显著成效。数据显示，2023 年全县电商交易额达到 28.5 亿元，同比增长 25.2%。[①] 电商平台的绿色低碳销售模式不仅提高了农产品的销量和附加值，更重要的是，它促进了浚县农业产业的转型升级。

一方面，电商平台的引入使得浚县的农产品销售不再局限于本地市场，而是能够面向全国乃至全球市场，这极大地拓宽了农产品的销售渠道，为农民提供了更多的增收途径。另一方面，品牌化、标准化的销售策略促使农民更加注重农产品的品质和质量，推动了农业生产方式的改进和农业技术的创新。同时，绿色物流模式的推广也促使农业产业链上下游企业更加关注环保和可持续发展，形成了良好的产业生态。

第三节　农业数字化服务平台支持绿色低碳转型

农业数字化服务平台，是依托信息技术和互联网技术，为农业生产和农村发展提供全方位、多层次服务的综合性平台。其核心目标在于，通过

---

① 肖莉萍，张文渊.浚县农村电商高质量发展成效显著 点燃乡村振兴新引擎［EB/OL］.（2024-08-02）［2024-12-12］.https://baijiahao.baidu.com/s?id=1806268163755181600&wfr=spider&for=pc.

数字技术的深度应用，提高农业生产效率、提升农产品品质、促进农村全面发展、增加农民收入。在信息化、数字化的时代浪潮中，农业数字化服务平台正逐渐成为推动农业绿色低碳转型的关键力量。

一、农业数字化服务平台在绿色低碳转型中的作用

农业数字化服务平台在河南省农业绿色低碳转型中扮演着举足轻重的角色。这些平台凭借先进的数字化技术，为农业生产者提供从产前规划、产中管理到产后销售的全链条、一站式服务，有力推动了农业的可持续发展。

在产前规划阶段，数字化服务平台能够基于大数据分析，为农业生产者提供精准的市场趋势分析和科学的种植建议，帮助他们做出更为明智的决策。

在产中管理阶段，数字化服务平台通过实时监测和环境感知技术，为农业生产者提供即时的技术指导和作物生长环境监测，确保农业生产过程的精准管理和高效运行。

在产后销售阶段，数字化服务平台则利用电商平台和品牌营销手段，帮助农业生产者拓宽销售渠道，提升产品品牌影响力，实现农产品的优质优价。

作为现代农业发展的重要驱动力，数字化服务平台在绿色低碳转型中的作用日益显著。它们凭借高效的信息传递和处理能力，为农业生产者提供及时、准确的市场需求信息，引导生产者根据市场需求调整生产结构，减少盲目生产，从而降低资源浪费和环境污染。

同时，数字化服务平台还为农业生产者提供了丰富的技术支持和服务。这包括智能农机装备的应用推广、精准农业技术的普及，以及新型环保肥料和农药的研发推广等。这些技术的应用，不仅提升了农业生产的智能化水平，还使得农业生产过程更加环保、高效，为农业绿色低碳转型提供了有力的技术支撑。

此外，数字化服务平台在市场拓展方面也发挥着重要作用。它们通过

线上线下相结合的方式，帮助农业生产者拓展销售渠道，提高农产品的市场知名度和竞争力。这不仅增加了农业生产者的经济收益，还促进了绿色消费理念的普及，推动了农业绿色低碳转型的市场化发展进程。

二、典型案例分析

（一）河南省农业农村大数据服务平台"数字耕地"子系统

在农业现代化的进程中，河南省作为中国的农业大省，始终致力于提升农业生产效率。为全面提升高标准农田管理的现代化水平，河南省农业农村厅积极推动了"数字耕地"子系统的建设。这一项目不仅革新了传统农田管理模式，更是对农业信息化、智能化发展的积极探索。经过一系列努力，该项目顺利完成了建设，并由河南省农业农村厅组织专家进行了严格验收。这一项目的成功实施，标志着河南省在农业数字化服务领域迈出了坚实的一步。

"数字耕地"子系统作为河南省农业农村大数据服务平台的重要组成部分，功能全面且强大。它构建了业务协同、信息共享、安全可靠的数字管理体系，打破了传统农田管理中信息孤岛的现象，实现了各部门、各层级之间的无缝对接和高效协同。通过信息共享，各级管理人员可以实时掌握农田的种植情况、产量数据、病虫害信息等，为决策提供了有力的数据支持。同时，数字管理体系注重信息安全，采用了先进的加密技术和安全防护措施，确保了数据的完整性和保密性。此外，"数字耕地"子系统还增强了监管能力，提升了管护效能。以往农田管理依赖于人工巡查和纸质记录，效率低下且易出错。而现在，通过"数字耕地"子系统，管理人员可以远程监控农田的实时情况，及时发现并处理各种问题。

自"数字耕地"子系统投入运行以来，已在河南省的农业生产中发挥了重要作用。首先，它提高了农田管理的精细化水平。通过数字化管理，农田的种植计划、施肥方案、灌溉计划等都可以进行精确控制，从而提高了农作物的产量和品质。其次，它降低了农业生产成本。通过智能化监控和预警，农民可以及时发现并处理农田中的问题，避免了因病虫害等原因造成的产量损失。最后，系统还可以为农民提供精准的种植建议和市场预测信息，帮助他们做出更加明智的决策。

（二）信阳市农业服务数字平台

信阳市农业服务数字平台，作为河南省供销合作系统中的首家数字化综合服务平台，由信阳市供销合作社与工商银行信阳分行联合打造。这一平台的诞生，标志着信阳市在探索农业现代化、服务"三农"方面迈出了坚实的步伐。平台依托先进的信息技术和大数据分析能力，旨在通过数字化手段优化农业生产结构，提升农产品流通效率，为农民提供全方位、便捷的服务，助力信阳市农业实现绿色、高效、可持续的发展。信阳市农业服务数字平台的功能特点主要体现在以下方面。

首先，平台通过强大的数据分析处理能力，实现了农业生产与市场需求的精准对接。传统农业生产往往依赖于农民的经验和直觉，缺乏对市场需求的准确判断。然而，在信阳市农业服务数字平台的助力下，农民可以实时获取市场动态、价格走势等关键信息，从而根据市场需求调整种植结构，避免盲目生产，提高农产品的市场竞争力。同时，平台还通过智能算法为农民提供个性化的种植建议，帮助他们解决种植难题，提高农业生产效率。

其次，平台为广大农户提供了农业生产、产品流通、融资支持等全方位便捷服务通道。在农业生产方面，平台提供了种子、化肥、农药等农业生产资料的在线采购服务，降低了农民的采购成本。在产品流通方面，平台通过线上线下相结合的方式拓宽了农产品的销售渠道，帮助农民将农产品销往全国各地甚至海外市场。在融资支持方面，平台与工商银行信阳分行合作，为农民提供了便捷的贷款服务，解决了他们资金短缺的问题。

最后，信阳市农业服务数字平台还致力于推动农业生产良性循环和农业全面绿色转型。平台通过推广先进的农业技术和绿色生产方式，鼓励农民减少化肥、农药的使用，降低农业污染，保护生态环境。同时，平台还通过智能灌溉、精准施肥等技术手段提高农业资源的利用效率，减少资源浪费，实现农业生产的可持续发展。

信阳市农业服务数字平台的成功开发和投入运营，对信阳市供销合作社的数字化、规范化、市场化服务水平提升起到了显著的推动作用。在数字化方面，平台通过整合各类农业资源实现了信息的共享和互通，提高了工作效率和服务质量。在规范化方面，平台通过制定统一的服务标准和流程确保了服务的规范性和一致性，提升了农民的满意度和信任度。在市场化方面，平台通过拓宽农产品的销售渠道和提供便捷的融资服务增强了农民的市场竞争力和盈利能力。

此外，信阳市农业服务数字平台还对信阳市供销合作社的服务体系、服务载体和服务能力产生了深远的影响。平台的助力使信阳市供销合作社得以健全和完善服务体系，为农民提供更加全面、便捷的服务。同时，平台也成为信阳市供销合作社为农服务的重要载体，推动了供销合作社与农民之间的紧密联系和合作。通过平台的运营和优化，信阳市供销合作社的服务能力得到了显著提升，为农民提供了更加优质、高效的服务。

（三）邓州市"智慧农废"管理系统

在河南省邓州市，农业废弃物的处理与资源化利用一直是农业可持续发展的关键议题。为实现农业废弃物的有效管理和资源化利用，邓州市创新性地引入了"智慧农废"管理系统，通过数字化手段促进农业废弃物的精准收集、高效处理和循环利用，为河南省乃至全国的农业废弃物资源化利用提供了宝贵经验。

邓州市作为河南省的重要农业生产基地，拥有丰富的农作物资源，但同时也面临着农业废弃物处理难的问题。传统的农业废弃物处理方式如焚烧、填埋等不仅浪费资源，还可能对环境和土壤造成污染。随着国家对生态环境保护要求的不断提高，邓州市急需找到一种既能有效处理农业废弃物，又能实现资源循环利用的解决方案。

针对上述问题，邓州市政府联合本地科技企业共同研发了"智慧农废"

管理系统。该系统基于物联网、大数据、云计算等先进技术，旨在实现农业废弃物的智能化管理。

系统通过安装在农田、养殖场等关键区域的传感器和摄像头，实时监测农业废弃物的产生情况，包括废弃物的种类、数量、分布等。同时，结合移动 App 鼓励农户上传废弃物信息，实现废弃物的精准收集。系统收集的数据被上传至云端服务器，经过大数据分析形成农业废弃物分布图、处理需求预测等报告，为政府决策提供科学依据。此外，系统还能根据废弃物类型、处理成本等因素智能推荐最优处理方案。对于可资源化利用的废弃物如作物秸秆、畜禽粪便等，系统通过智能匹配将其分配给有处理能力的企业或合作社进行资源化利用。同时，系统还能追踪废弃物的处理过程，确保资源化利用的有效性和安全性。系统还设有公众教育模块，通过线上课程、互动问答等方式提高农户对农业废弃物资源化利用的认识和参与度，形成良好的社会氛围。

"智慧农废"管理系统的实施对邓州市的农业废弃物处理与资源化利用产生了深远影响。通过精准收集和处理，有效减少了农业废弃物的无序排放，减轻了环境污染压力，改善了农村生态环境。系统促进了农业废弃物的资源化利用，将原本被视为"废物"的秸秆、粪便等转化为有机肥料、生物质能源等，实现了资源的循环利用。资源化利用不仅减少了处理成本，还创造了新的经济收益。例如，通过销售有机肥料和生物质能源，为农户和企业带来了额外收入。系统的成功实施提高了公众对农业废弃物资源化利用的认识和接受度，增强了社会对农业可持续发展的认同感。

邓州市将继续深化"智慧农废"管理系统的应用，不断优化和完善系统功能。一方面，将加强与其他部门的协同合作，实现数据的共享与互通，提高系统的工作效率；另一方面，将探索更多元化的资源化利用途径，如生物降解材料的研发、农业废弃物的能源化利用等，进一步推动农业废弃物的资源化利用和绿色低碳转型。

第四节　跨区域农业数字化协作推动绿色低碳发展

跨区域农业数字化协作是指不同地域的农业部门、科研机构、企业等主体，在数字化技术的支撑下，共同开展农业生产、管理、销售等环节的协作。这种协作模式旨在打破地域界限，实现资源共享、优势互补，促进农业产业的绿色、低碳与可持续发展。跨区域农业数字化协作是推动绿色低碳发展的有效途径。通过加强数字化协作，可以提高资源利用效率，促进农业生产智能化，推动农业产业链绿色转型，并加强农业科技创新与交流，为农业可持续发展和生态文明建设贡献力量。

一、跨区域农业数字化协作推动绿色低碳发展的机制

跨区域农业数字化协作作为一种新兴的合作模式，正逐渐成为推动河南省绿色低碳发展的重要力量。这种协作模式通过数字化技术的运用，打破了地域界限，实现了农业资源的优化配置和高效利用，为农业可持续发展注入了新的活力。

在资源共享方面，跨区域农业数字化协作使得不同地区之间的农业资源得以充分利用。通过数字化平台，各地可以实时了解彼此的资源状况和需求，从而进行有针对性的资源共享。这不仅避免了资源浪费，还降低了生产成本，提高了农业生产的整体效益。例如，某些地区水资源丰富，而另一些地区土地肥沃，通过数字化协作，这些地区可以实现水资源和土地资源的优化配置，共同推动农业绿色发展。

在优势互补方面，跨区域农业数字化协作能够充分发挥各地区的比较优势。不同地区的自然环境、气候条件、农业种植结构等存在差异，使得各地区在农业生产中具有各自的优势。通过数字化协作，各地区可以将自身优势与其他地区进行互补，从而提高整体生产效率。例如，某些地区擅

长种植某种特色农产品，而其他地区则擅长农产品深加工，通过协作，这些地区可以形成完整的产业链条，共同提升农产品的附加值和市场竞争力。

在协同创新方面，跨区域农业数字化协作有助于推动农业技术进步和产业升级。数字化技术的广泛应用为农业生产提供了更多创新空间。通过协作，各地区可以共同研发新技术、推广新品种、探索新模式，从而推动农业生产转型升级。此外，数字化协作还能促进各地区之间的知识共享和经验交流，为农业创新提供更广阔的平台。

在促进区域协调发展方面，跨区域农业数字化协作有助于实现农业可持续发展。农业是国民经济的基础，其发展状况直接关系到经济社会的稳定与发展。通过数字化协作，各地区可以形成紧密的合作关系，共同应对农业生产中的各种挑战。这不仅有助于提升各地区的农业发展水平，还能缩小地区差距，实现区域经济的协调发展。同时，数字化协作还能推动农业与其他产业的深度融合，为农业多元化发展开辟新路径。

二、典型案例分析

（一）平顶山市宝丰县绿色种养循环模式

宝丰县，位于河南省平顶山市，拥有 54 万亩的广阔耕地面积，同时也是生猪和奶牛养殖的重要基地。近年来，随着国家对生态文明建设的日益重视，宝丰县积极响应"绿水青山就是金山银山"的发展理念，深入探索"农牧结合、生态循环"的绿色发展新路径。面对农业废弃物处理和环境保护的双重挑战，宝丰县决定通过创新种养结合模式，实现资源的循环利用和环境的零污染。同时，借助跨区域农业数字化协作，推动农业向更加智能化、高效化的方向发展。

为推动绿色种养循环模式的落地实施，宝丰县首先强化了政策引导，编制并印发了《宝丰县绿色种养循环农业试点实施方案》。该方案明确了农牧结合、林牧结合等绿色生产方式的发展方向，并提出了利用数字化技术提升农业废弃物处理效率的具体措施。政府积极引导农户和新型农业经营主体参与绿色生产，通过数字化手段实现养殖粪便的精准收集、科学处理和高效利用。

在创新种养结合模式方面，宝丰县在全国范围内首创了"百亩千头生态方"种养结合循环发展模式。该模式依托数字化平台，实现养殖粪便的实时监测和精准处理，确保养殖粪便在发酵过程中达到最佳效果。同时，利用物联网技术将处理后的粪便直接输送到农田，实现资源的循环利用。这一模式的成功实施，不仅有效减少了养殖粪便对环境的污染，还显著提高了农田的土壤肥力和作物产量。

在跨区域农业数字化协作方面，宝丰县积极与周边县市开展合作，共同构建数字化农业废弃物处理体系。通过共享数字化平台和信息资源，宝丰县与周边县市实现了养殖粪便收集、处理和利用的无缝对接。同时，宝丰县还积极参与跨区域农业数字化协作项目，引进先进的数字化技术和设备，进一步提升农业废弃物处理的智能化水平。

为建立更加完善的畜禽粪污还田利用综合服务体系，宝丰县采取了以奖代补等方式激励各方积极参与。政府通过数字化平台对养殖主体、服务组织和种植主体进行动态管理，确保畜禽粪污还田利用的各个环节得到有效监管和保障。同时，宝丰县还利用数字化手段对畜禽粪污还田利用的效果进行实时监测和评估，确保资源得到最大化利用，环境持续改善。

经过几年的努力，宝丰县的产地环境得到了显著改善。全县秸秆综合利用率达到了 93.2%，有效减少了秸秆焚烧带来的空气污染。同时，农产品质量也大幅提高，全县共建设了 30 万亩的全国绿色食品原料标准化生产基地，绿色食品总数达到了 33 个。[①] 这些绿色食品不仅满足了市场对高品质农产品的需求，还为农民带来了可观的经济效益。

---

① 中华人民共和国农业农村部发展规划司.河南省平顶山市宝丰县：畅通种养循环关键节点 推进农业绿色发展［EB/OL］.（2022-03-16）［2024-12-10］.http://www.jhs.moa.gov.cn/gzdt/202203/t20220316_6392418.htm.

（二）牧原集团的"数字牧场"

牧原集团，作为国内畜牧业的领军企业，近年来在农业数字化转型和绿色低碳发展方面取得了显著成就。其"数字牧场"项目，作为跨区域农业数字化协作的典范，不仅提升了农业生产效率，还促进了资源节约与环境保护，为农业可持续发展探索了一条新路径。

牧原集团的"数字牧场"项目，以物联网、大数据、人工智能等现代信息技术为核心，构建了覆盖养殖、饲料、屠宰、食品加工等全产业链的数字化管理体系。通过智能传感器、视频监控等设备，实时采集和分析牧场环境、动物健康、饲料消耗等数据，为牧场运营提供精准管理和决策支持。此外，牧原集团还积极与国内外科研机构、高校及同行企业开展合作，共享数据资源，共同研发新技术、新产品，推动跨区域农业数字化协作的深入发展。这种协作不仅提升了牧原集团自身的技术水平，也为整个农业行业提供了可复制、可推广的数字化解决方案。

在推动绿色低碳发展方面，牧原集团的"数字牧场"项目同样表现出色。一方面，通过精准养殖管理，减少了饲料浪费和动物疾病的发生，降低了碳排放和环境污染；另一方面，牧原集团积极探索生态循环农业模式，将养殖废弃物转化为有机肥料和生物质能源，实现废弃物的资源化利用。此外，牧原集团还大力推广清洁能源，如太阳能、风能等，为牧场运营提供绿色、可持续的能源供应。

第八章　河南省乡村数字化与农业绿色低碳转型的未来展望

随着数字技术的不断普及与发展，河南省乡村地区正迎来数字化转型的新契机，数字乡村建设步伐将显著加快。同时，农业绿色低碳转型也将成为河南省农业发展的必然方向。

第一节　未来发展趋势与机遇

随着新一代信息技术的迅猛发展，河南省乡村地区即将迈入数字化转型的黄金阶段，智慧农业、数字乡村将成为新的发展潮流，为农村经济发展注入强劲动力。在此过程中，通过优化农业产业结构、提升资源利用效率、降低农业碳排放，河南省将稳步实现农业的绿色可持续发展。

一、乡村数字化的发展趋势与机遇

河南省乡村数字化建设展现出蓬勃发展的良好势头，主要体现在以下几个方面。

（一）数字乡村建设稳步推进

河南省政府高度重视数字乡村建设，将其视为实现乡村振兴和农业现代化的关键路径。为此，河南省政府制定并实施了《河南省"数据要素×"行动实施方案（2024—2026年）》，旨在通过数据赋能，驱动乡村数字化转型，促进乡村经济高质量发展。该方案明确了数字乡村建设的目标、任务及保障措施，为数字乡村建设提供了政策指引和支持。

在政策的引领下，河南省数字基础设施不断完善。5G网络已全面覆盖全省所有行政村，这标志着乡村地区与城市的数字鸿沟正在逐步缩小。5G网络的普及不仅为乡村居民提供了更为便捷、高效的通信服务，更为数字乡村建设提供了坚实的技术基础。依托5G网络，乡村地区能够更便捷地接入互联网，享受数字化带来的诸多便利和机遇。同时，河南省还积极推进农村宽带网络、物联网、大数据中心等基础设施建设，为数字乡村建设提供了有力的硬件支撑。

数字乡村建设的稳步推进，不仅提升了乡村地区的信息化水平，也为乡村经济发展注入了新活力。通过数字化手段，乡村地区能够更高效地利用资源，提高生产效率，推动产业转型升级。此外，数字乡村建设还提升了乡村治理能力，为乡村社会的和谐稳定提供了有力保障。

（二）农业智慧生产渐成主流

随着物联网、大数据、人工智能等技术的持续发展，河南省将大力推动智慧农业的发展，实现农业生产过程的智能化、精准化管理。

在智慧农业的发展进程中，河南省注重推动数字技术与农业生产的深度融合。通过智慧化管理，农业生产过程可实现智能化控制，降低人力成本和资源浪费。例如，利用物联网技术，农民可实时监测农田的土壤湿度、温度等环境参数，从而精准调整灌溉、施肥等农业生产活动。同时，河南省还积极推广数字化育苗、水肥一体化测控等技术。数字化育苗可实现种子的精准播种和培育，提高种子的发芽率和成活率；水肥一体化测控则可根据农田实际情况，精准控制灌溉和施肥的量和时间，从而提高水肥利用率，减少浪费和污染。这些技术的应用不仅提升了农业生产的效率和产品质量，也为农业绿色低碳转型提供了有力支持。

（三）农产品电商蓬勃发展

随着互联网的普及和电商平台的崛起，河南省农产品电商销售规模持续增长。直播电商、网红带货等新业态模式成为农产品销售的重要渠道，为农民增收致富开辟了新路径。

河南省农产品电商的蓬勃发展，得益于政府的积极推动和电商平台的鼎力支持。河南省政府出台了一系列政策措施，鼓励和支持农产品电商的发展；同时，知名电商平台也积极响应政府号召，加大对农产品电商的扶持力度。通过电商平台，农产品能够更便捷地走向市场，拓宽销售渠道，提高附加值和品牌影响力。

直播电商、网红带货等新业态模式的兴起，为农产品电商的发展注入了新活力。通过直播电商，消费者可直观了解农产品的生长环境和生产过程，增强对农产品的信任度和购买意愿；同时，网红带货等模式也利用明星、网红的影响力，为农产品销售提供了更广泛的受众群体和更高效的营销手段。这些新业态模式的兴起，不仅促进了农产品的销售，也为农民增收致富开辟了新路径。

（四）乡村数字化治理能力不断提升

在数字乡村建设的过程中，河南省注重推动数字技术与乡村治理的深度融合。通过数字化手段优化乡村治理，提高公共服务水平，增强乡村居民的幸福感和获得感。

在乡村数字化治理方面，河南省积极推进电子政务、智慧安防、智慧教育等应用。电子政务可实现政务服务的在线办理和查询，提高政务服务的效率和便捷性；智慧安防可通过视频监控、人脸识别等技术手段，提高乡村地区的安全防范能力；智慧教育可通过在线教育平台，为乡村地区居民提供更优质的教育资源和服务。

同时，河南省还注重推动数字技术与乡村特色产业的深度融合。通过发展创意农业、认养农业、观光农业等新业态，为乡村经济发展注入新活力。这些新业态不仅丰富了乡村经济的产业结构，也为乡村居民提供了更多就业机会和收入来源。通过数字化手段优化乡村治理和提升公共服务水平，河南省将进一步推动乡村社会的和谐稳定与经济发展。

二、农业绿色低碳转型的发展趋势与机遇

在乡村数字化赋能的推动下，河南省有望顺利实现农业生产的绿色化、低碳化转型，为经济高质量发展注入新活力，为生态文明建设作出积极贡献。

（一）低碳农业引领生产方式转型

面对全球气候变化和资源环境约束加剧的挑战，河南省正积极探索农业绿色低碳转型之路。通过减少化肥、农药使用量，大力推广测土配方施肥、农药精准高效施用等技术手段，河南省将推动农业生产方式由高碳向低碳转变。

在低碳农业的发展进程中，河南省注重推广先进的农业技术和装备。测土配方施肥技术使农民能够根据农田的实际情况，精准调整化肥的用量和种类，从而提高化肥利用率，减少浪费。农药精准高效施用技术则借助智能设备实现农药的精准喷洒和定量施用，有效降低农药使用量和残留量。这些技术的推广和应用将显著减轻农业生产对环境的污染和破坏。

（二）农业碳汇潜力得到深度挖掘

农业碳汇是指农业生态系统通过吸收和固定大气中的二氧化碳等温室气体而发挥的碳储存功能。作为农业大省，河南省拥有丰富的农业碳汇资源。通过深度挖掘农业碳汇潜力，河南省将为应对全球气候变化和推动农

业绿色低碳转型作出更大贡献。

在挖掘农业碳汇潜力的过程中，河南省注重推广农业土壤管理、种植与养殖结合等生态农业模式。通过优化农田布局、改良土壤结构、增加有机质含量等措施，提高农田的碳储存能力；同时，通过推广种植绿肥作物、实施轮作休耕等制度，增加农田的植被覆盖和生物多样性，增强农田的碳吸收能力。

（三）可再生能源在农业领域的广泛应用

可再生能源是指可以不断再生、永续利用的能源，包括太阳能、风能、水能等。在农业领域，可再生能源的广泛应用将有效降低农业生产对化石能源的依赖，减少温室气体排放，推动农业绿色低碳转型。

在可再生能源的应用方面，河南省注重推广太阳能光伏和生物质能源等可再生能源技术。通过建设太阳能光伏电站和生物质能源发电厂等设施，将可再生能源转化为电能和热能等能源形式，为农业生产提供清洁能源和热力支持；同时，通过推广太阳能温室、太阳能灌溉系统等应用设备，将可再生能源与农业生产紧密结合。

（四）绿色农业技术的创新与推广

绿色农业是指遵循生态学原理和经济规律，运用系统工程方法和现代科学技术，实现集约化经营的农业发展模式。通过推动绿色农业技术的创新与推广，河南省将促进农业绿色低碳转型和可持续发展。

在绿色农业技术创新方面，河南省注重加强农业科技研发和推广体系建设。通过加强农业科技研发机构的建设和人才培养等措施，提高农业科技创新能力；同时，积极推广先进的农业技术和装备，提高农业生产的效率和可持续性。

在绿色农业技术推广方面，河南省注重加强农业技术推广服务体系建设。通过建立健全农业技术推广服务机构和队伍等措施，提高农业技术推广服务能力和水平；同时，通过开展农业科技培训和示范推广活动等措施，提高农民对绿色农业技术的认知度和应用能力，推动绿色农业技术在河南省的广泛普及和应用。

第二节　政策建议与研究展望

在政策建议方面，河南省应持续强化政策引导，加大财政投入，推动乡村数字基础设施建设，鼓励农业科技创新与绿色低碳技术的研发应用。在研究展望方面，需进一步深化农业数字化与绿色低碳技术的融合研究，探索更多高效、环保的农业生产模式，促进农业产业链的绿色升级，为河南省农业的可持续发展提供强有力的技术支撑和模式创新。

一、政策建议

为了推动农业现代化进程，实现绿色低碳发展，建议河南省采取以下措施：加大乡村数字化投入、积极推广绿色低碳技术、优化农业产业结构、加强政策引导和监管。

（一）加大乡村数字化投入

在未来的农业农村现代化进程中，乡村数字化将发挥至关重要的作用。作为农业大省，河南省在推动乡村数字化方面承担着重要责任。为了全面提升乡村数字化水平，河南省应加大投入力度，完善乡村信息化基础设施。

加大乡村数字化投入是实现乡村全面振兴的必然要求。随着信息技术的飞速发展，数字技术已广泛渗透到社会各领域，乡村也不例外。然而，目前河南省的乡村数字化水平仍相对较低，信息化基础设施尚不完善，这在一定程度上制约了乡村经济的发展和社会的进步。因此，河南省需加大投入，提升乡村信息化基础设施的完善程度，为乡村数字化提供坚实的硬件支撑。具体措施包括加强乡村宽带网络、数据中心、云计算平台等信息化基础设施的建设，提高乡村地区的网络覆盖率和数据传输速度，为乡村居民提供更加便捷、高效的信息服务。

完善乡村信息化基础设施是提升乡村数字化水平的基础。河南省需在现有基础上，进一步完善乡村信息化基础设施，提高乡村地区的信息化水平。这包括加强乡村宽带网络的建设和升级，提高网络带宽和稳定性；加强数据中心和云计算平台的建设，为乡村数字化提供更高效的数据存储和处理能力；同时，加强乡村信息化人才的培养和引进，提高乡村居民的数字化素养和技能水平。

（二）推广绿色低碳技术

在乡村数字化的基础上，推广绿色低碳技术是河南省实现农业可持续发展的重要一环。面对全球气候变化和资源日益紧张的现状，传统的农业生产方式已难以满足现代农业发展的需求。因此，河南省应加大绿色低碳技术的研发和推广力度，鼓励农民和企业积极采用这些技术，以提高农业生产效率和资源利用效率，推动农业向更加环保、高效的方向发展。

首先，河南省应加大对绿色低碳技术的研发投入。绿色低碳技术涉及农业废弃物资源化利用、节水灌溉、精准施肥、生态种植等多个领域。河南省可以设立专项基金，支持绿色低碳技术的研发和创新，鼓励科研机构和企业加强合作，共同攻克技术难题。

其次，河南省应加大绿色低碳技术的推广力度。技术的研发只是第一步，更重要的是将其应用到实际生产中，发挥应有的效益。因此，河南省需要加强对农民和企业的技术培训，提高他们的绿色低碳意识和技术水平。

再次，在推广绿色低碳技术的过程中，河南省还需注重政策的引导和支持。政府可以出台一系列优惠政策，鼓励农民和企业积极采用绿色低碳技术。同时，加强对市场的监管，防止假冒伪劣产品的出现，保障农民和企业的合法权益。此外，建立绿色低碳技术的评估体系，对采用这些技术的农民和企业进行奖励和表彰，进一步激发他们的积极性和创造力。

最后，除了政府的引导和支持外，农民和企业自身也需加强绿色低碳意识的培养。农民应认识到绿色低碳技术对于提高农业生产效率和资源利用效率的重要性，积极学习和应用这些技术。企业应增强社会责任感，注重环保和可持续发展，积极研发和推广绿色低碳技术，为农业绿色发展作出贡献。

（三）优化农业产业结构

优化农业产业结构是河南省实现农业可持续发展和全面振兴的重要一环。农业产业结构的优化不仅能提高农业资源的利用效率，还能提升农产品的附加值和市场竞争力。

河南省应发展特色农业和品牌农业。特色农业是指根据地域特色、气候条件等因素，发展具有地方特色的农产品。河南省拥有丰富的农业资源和多样的气候条件，为发展特色农业提供了得天独厚的条件。例如，可以发展具有地方特色的水果、蔬菜、中药材等农产品，满足市场对多样化、高品质农产品的需求。同时，河南省还应加强农产品品牌建设，通过注册商标、申请地理标志等方式，提高农产品的知名度和美誉度，增强农产品的市场竞争力。

在优化农业产业结构的过程中，河南省还需注重农业科技创新和人才培养。农业科技创新是推动农业产业结构优化升级的重要动力。河南省可以加强与科研机构、高校等的合作，引进和消化吸收先进的农业科技成果，推动农业技术的创新和升级。同时，加强对农业人才的培养和引进，提高农业从业人员的素质和技能水平。

（四）加强政策引导和监管

加强政策引导和监管是确保各项措施有效实施、目标顺利达成的关键。河南省应加强政策引导和监管，为乡村数字化和农业绿色低碳转型提供有力的政策保障。

河南省应制定和完善相关政策法规和标准体系。政策法规和标准体系是引导和规范农业发展的重要依据。河南省应根据国家相关法律法规和政策要求，结合本省实际情况，制定和完善乡村数字化、农业绿色低碳转型等方面的政策法规和标准体系。同时，加强对政策法规和标准体系的宣传和培训，提高农民、企业和相关部门的法律意识和标准意识，确保各项政策法规和标准体系得到有效执行。

河南省应加强对农业生产的监管和检查力度。农业生产是农业发展的基础，也是乡村数字化和农业绿色低碳转型的重要领域。为了确保农业生产符合绿色低碳要求，河南省应加强对农业生产的监管和检查力度，确保农业生产过程符合环保标准。同时，加强对农业废弃物的处理和资源化利用等方面的监管和检查，推动农业废弃物的减量化、资源化和无害化处理。在监管和检查过程中，应充分发挥政府、企业、社会等多方面的作用，形成合力，共同推动农业生产的绿色低碳转型。

此外，河南省还应加强对乡村数字化和农业绿色低碳转型的评估和考核。评估和考核是检验政策措施实施效果的重要手段。河南省应建立科学合理的评估和考核体系，对乡村数字化和农业绿色低碳转型的进展情况进行定期评估和考核。通过评估和考核，及时发现和解决存在的问题和不足，推动各项政策措施不断完善和优化。同时，对表现突出的地区、企业和个人进行表彰和奖励，激励更多的人积极参与到乡村数字化和农业绿色低碳转型中来。

二、研究展望

在未来的研究中，深化乡村数字化研究将成为推动农村现代化进程的关键环节。同时，加强农业绿色低碳技术的研究，对于促进农业可持续发展、保障国家粮食安全具有深远意义。此外，推动跨学科研究合作也将是未来研究的重要方向。

（一）深化乡村数字化研究

在信息化时代背景下，乡村数字化已成为推动乡村振兴的重要驱动力。河南省作为中国的重要农业大省，其乡村数字化的发展不仅关乎农业生产效率的提升，更关系到乡村治理体系的现代化转型。未来，我们需要进一步深化对乡村数字化的研究，探索数字技术在乡村治理、农业生产等方面的应用模式和机制，这对河南省乃至全国的乡村发展都具有重要意义。

乡村治理是国家治理体系和治理能力现代化的重要组成部分。数字技术的引入，可以显著提升乡村治理的效率和透明度。例如，通过建设乡村大数据平台，可以实现对乡村资源、环境、人口等信息的实时监测和管理，为乡村治理提供科学决策依据。同时，数字技术还能促进乡村治理的民主化进程。通过在线调查和民意征集等方式，政府部门能够更广泛地收集村民的意见和建议，从而制定出更加贴近民意、符合实际的政策措施。这种"问政于民、问需于民、问计于民"的做法，无疑增强了村民对政务工作的参与感和归属感。此外，数字化技术在提升乡村应急管理能力方面也发挥了重要作用。借助大数据、云计算等先进技术，政府部门能够实现对乡村各类突发事件的快速响应和有效处置。因此，深化乡村数字化研究，探索数字技术在乡村治理中的应用模式，对于推动乡村治理现代化具有重要意义。

未来，应深入研究数字技术在乡村治理中的应用模式，包括乡村大数据平台的建设与运营、数字技术在乡村民主管理中的应用等。通过对比分析不同地区的成功案例，总结数字技术在乡村治理中的最佳实践，为政策制定提供科学依据。

为了确保乡村数字化发展的顺利进行，未来还应加强对乡村数字化发展的评估和监测工作。具体而言，可以从以下几个方面入手：第一，建立乡村数字化发展指标体系。根据乡村数字化发展的特点和需求，建立科学合理的指标体系，该体系应涵盖乡村治理、农业生产、乡村经济等多个方面，为乡村数字化发展的评估和监测提供科学依据。第二，开展定期评估和监测工作。定期对乡村数字化发展进行评估和监测，及时发现存在的问题和不足，通过对比分析和趋势预测，为政策制定和调整提供科学依据。同时，将评估和监测结果及时反馈给相关部门和单位，促进乡村数字化发展的持续改进和优化。第三，加强跨部门协作和信息共享。乡村数字化发展涉及多个部门和单位，未来应加强跨部门协作和信息共享，形成工作合力。通过建立信息共享平台和协作机制，实现各部门之间的数据共享和资源整合，提高乡村数字化发展的整体效能。

（二）加强农业绿色低碳技术研究

农业作为国民经济的基础产业，其绿色低碳转型至关重要。农业既是温室气体排放的重要来源之一，也是碳汇的重要组成部分。因此，未来应加强对农业绿色低碳技术的研究和开发工作，探索更加高效、环保的农业生产方式和资源利用方式。同时，加强对农业碳汇能力的研究和评估工作，为制定更加科学的碳中和目标提供技术支持。这不仅有助于提升农业生产的可持续性，还能为应对全球气候变化作出积极贡献。

全球气候变化对农业生产构成了严峻挑战，极端天气事件频发、水资源短缺、土壤退化等问题日益凸显。加强农业绿色低碳技术研究，有助于减少农业生产过程中的温室气体排放，提高农业适应气候变化的能力，从而保障粮食安全和农业可持续发展。农业资源的高效利用是实现农业绿色低碳发展的关键。通过研究和开发新型农业技术，可以优化资源配置，减少资源浪费，提高农业生产效率。同时，农业作为碳汇的重要组成部分，通过合理的农业管理措施和土地利用方式，可以增加农田土壤的碳储存量，降低大气中的二氧化碳浓度。加强对农业碳汇能力的研究和评估工作，有助于更准确地了解农业在碳中和目标中的贡献，为制定科学的碳中和政策提供技术支持。

精准农业技术是实现农业资源高效利用的重要手段。通过集成应用物联网、大数据、人工智能等现代信息技术，可以实现对农田环境的实时监测和精准管理，提高作物产量和品质，同时减少化肥、农药等化学物质的使用量。未来，应进一步加强精准农业技术的研发与应用，推动农业生产方式的转型升级。

水资源短缺是制约农业可持续发展的重要因素之一。节水农业技术通过优化灌溉制度、提高灌溉效率等方式，可以显著降低农业生产过程中的水资源消耗。未来，应加强对节水农业技术的研发与推广，探索更加高效、环保的灌溉方式，如滴灌、喷灌等。同时，加强对农业水资源的监测和管理，提高水资源利用效率。

循环农业技术是实现农业废弃物资源化利用的重要途径。通过构建农业废弃物循环利用体系，可以将废弃物转化为有机肥料、生物质能源等资源，实现农业资源的循环利用和节能减排。未来，应加强对循环农业技术的研发与实践，探索更加高效、环保的农业废弃物处理方式。同时，加强对农业废弃物的监测和管理，减少环境污染。

农业碳汇能力是指农田土壤通过固碳作用减少大气中二氧化碳浓度的能力。加强对农业碳汇能力的评估与提升工作，有助于更准确地了解农业在碳中和目标中的贡献。未来，应加强对农田土壤碳储存量的监测和评估工作，探索提高农田土壤碳储存量的有效措施，如增加有机物质投入、改善土壤结构等。同时，加强对农业碳汇能力的宣传和教育，提高社会对农业碳汇的认识和重视程度。

（三）推动跨学科研究合作

跨学科研究合作已成为实现乡村数字化与农业绿色低碳转型的关键路径。数字技术与绿色低碳技术的融合创新，不仅能够引领农业科技革命，还能为应对气候变化、促进资源高效利用、提升农业生产效率提供强有力的技术支持。通过整合不同学科的知识体系和研究方法，跨学科研究合作能够探索出更加前沿、实用的技术解决方案，为乡村数字化和农业绿色低碳转型提供全面的技术支持。

传统学科界限往往限制了技术的创新与应用。跨学科研究合作则能够打破这些界限，将数字技术、绿色低碳技术、农业科学、经济学、社会学等多学科的知识和方法进行有机融合，从而催生出新的技术理念和应用模式。

数字技术与绿色低碳技术的融合创新，是实现农业可持续发展的关键所在。通过跨学科研究合作，可以开发出更加高效、环保的农业生产方式，如智能灌溉系统、精准施肥技术、农业废弃物资源化利用技术等。这些技术的应用能够显著提高农业生产效率，同时减少资源消耗和环境污染。

乡村数字化与农业绿色低碳转型面临着诸多复杂挑战，如信息孤岛、技术壁垒、资金短缺等。跨学科研究合作能够汇聚各方智慧和资源，共同应对这些挑战，推动乡村数字化与农业绿色低碳转型的顺利实施和深入发展。

数字农业通过集成应用物联网、大数据、人工智能等现代信息技术，实现了农田环境的实时监测和精准管理。跨学科研究合作可以进一步推动数字技术与农业科学的深度融合，开发出更加智能、高效的精准农业技术，如智能农机装备、作物生长监测系统等。这些技术的应用将显著提高农业生产效率和精准度。

绿色低碳农业技术是实现农业可持续发展的核心。跨学科研究合作可以推动绿色低碳技术与农业科学的交叉融合，开发出更加环保、高效的农业生产方式，如生物农药、有机肥料、农业废弃物资源化利用技术等。这些技术的应用将显著降低农业生产过程中的温室气体排放和资源消耗，促进农业的绿色转型。

乡村数字化治理是推动乡村全面振兴的重要举措。跨学科研究合作可以推动数字技术与社会学、经济学的交叉融合，探索出更加科学、高效的乡村数字化治理模式，如乡村数字服务平台、乡村数字经济等。这些模式的推广和应用将提升乡村治理水平，促进乡村经济的繁荣发展。

政府应加大对跨学科研究平台的支持力度，鼓励高校、科研机构和企业等创新主体建立跨学科研究平台，促进不同学科之间的交流与合作。同时，应加强对跨学科研究平台的评估与监管，确保其研究质量和成果转化的有效性，推动跨学科研究合作取得更多实质性成果。

参考文献

一、专著类

［1］白延虎，罗建利.农业数字化转型赋能乡村振兴研究：供应链视角［M］.北京：经济科学出版社，2024.

［2］陈武，李燕萍.数字化赋能乡村产业融合发展研究［M］.北京：中国社会科学出版社，2023.

［3］江维国，李立清.数字技术赋能乡村治理现代化建设研究［M］.北京：中国社会科学出版社，2023.

［4］李晓夏.数字化背景下乡村治理与乡村建设研究［M］.北京：中国商业出版社，2023.

［5］山东省乡村振兴研究会.数字化赋能乡村振兴［M］.济南：山东教育出版社，2024.

［6］王君.现代农业绿色低碳发展：实践、路径与政策研究［M］.成都：西南财经大学出版社，2023.

［7］吴贤荣.绿色发展理念下农业低碳生产效率分析与减排政策设计［M］.北京：经济科学出版社，2023.

［8］徐旭初，吴彬，金建东.数字赋能乡村：数字乡村的理论与实践［M］.杭州：浙江大学出版社，2022.

［9］张超.农业绿色低碳转型 信息传递、信息获取与农药施用［M］.北京：经济科学出版社，2023.

二、期刊类

［1］白晓玉.数字经济时代数字乡村人才发展研究［J］.对外经贸，2023（10）：31-33.

［2］常晶，杨雅妮.乡村数字化治理实践探究［J］.三晋基层治理，2024（3）：107-112.

［3］陈萌，林敬，李婷婷."双碳"目标下农业绿色转型发展路径研究［J］.现代农业研究，2022，28（9）：16-18.

［4］陈梦圆.乡村振兴背景下数字化乡村治理的困境与路径探析［J］.甘肃农业，2024（3）：120-124.

［5］陈敏鹏.中国农业绿色低碳发展的十年［J］.可持续发展经济导刊，2022（11）：60-62.

［6］邓殊.浅析数字乡村的发展困境与推进策略［J］.农村经济与科技，2023，34（17）：91-94.

［7］段宛昕.乡村振兴战略下数字化乡村建设的路径探究［J］.源流，2023（14）：48-51.

［8］付伟，吴子龙，叶嘉，等.现代农业园区低碳发展问题探讨［J］.农村经济与科技，2019，30（24）：9-10.

［9］高美玲.低碳经济时期河南省绿色农业经济的创新发展探讨［J］.农业经济，2012（4）：13-15.

［10］高永琪.绿色保险助推农业绿色低碳转型发展研究［J］.科技创业月刊，2023，36（11）：140-145.

［11］郭必准.乡村振兴背景下乡村数字化现状及政策建议［J］.南方农机，2023，54（17）：116-118.

［12］郭佳丽.数字化转型的乡村治理困境与能力多维提升［J］.农村经济与科技，2023，34（15）：184-186.

［13］何秀荣.农业的绿色低碳发展之路［J］.群言，2023（10）：8-10.

［14］黄国勤.论生态农场建设与发展［J］.农学学报，2019，9（4）：95-100.

［15］黄明慧.乡村数字治理的现实困境与法治回应［J］.惠州学院学报，2024，44（5）：123-128.

［16］黄炜.让绿色低碳成为高质量推进乡村振兴新引擎［J］.浙江经济，2022（3）：42.

［17］贾北宁.畜禽粪污资源化利用助力绿色低碳畜牧生产［J］.中国畜牧业，2023（17）：80-81.

［18］姜佳妮.激励与保健：乡村数字化治理的双重路径［J］.数字农业与智能农机，2024（11）：110-113.

［19］金龙君.数字化赋能乡村自治的逻辑理路［J］.三晋基层治理，2023（6）：51-53.

［20］雷博，陈树文.加快数字乡村建设赋能乡村振兴［J］.农业经济，2023（9）：76-77.

［21］李保明，刘志丹.粪污资源化助力绿色低碳畜牧［J］.中国乳业，2021（11）：4.

［22］李党正.数字化乡村治理的现实困境和有效对策［J］.现代化农业，2023（10）：66-68.

［23］李芬.新格局下的绿色低碳村镇发展探讨［J］.小城镇建设，2022，40（4）：1.

［24］李海金，冯雪艳.数字乡村建设赋能乡村治理：挑战与应对［J］.社会主义研究，2023（6）：95-102.

［25］李玲.数字乡村治理路径探析［J］.农业经济，2024（11）：53-56.

［26］李思怡，吴佳益.数字化助力乡村振兴的机理与路径［J］.农业工程技术，2023，43（23）：127-128.

［27］梁惟.乡村治理数字化转型的创新逻辑与取向［J］.农业经济，2023（7）：52-54.

［28］刘昊东.新发展阶段乡村多治融合的内在逻辑分析［J］.乡村论

丛，2023（3）：77-85.

［29］刘嘉欣.数字技术赋能乡村现代化的现实梗阻及突破路径［J］.农村经济与科技，2024，35（18）：26-29.

［30］刘静.以低碳带动农业农村绿色转型的思考［J］.中国国情国力，2023（4）：67-70.

［31］刘磊.乡村简约治理的数字化转型及其实现路径［J］.人文杂志，2023（6）：122-129.

［32］刘铭麟.我国数字乡村建设的问题与建议［J］.山西农经，2024（21）：143-145.

［33］刘宁，尹贵斌.新时代数字乡村建设的实践路径探析［J］.中国市场，2024（2）：191-194.

［34］刘彦廷，张良."数"治乡村：乡村治理数字化转型的路径探究［J］.南方农机，2024，55（21）：123-126.

［35］娄文娟.乡村治理新思路：数字技术的应用［J］.村委主任，2024（20）：121-123.

［36］马丽萍.数字化赋能乡村振兴的现实困境及成因分析［J］.山西农经，2024（21）：1-3.

［37］苗宁平.数字化时代背景下乡村治理能力现代化分析［J］.南方农机，2023，54（16）：95-98.

［38］潘喜琴.低碳时代转变农业经济发展方式的策略探讨［J］.农业开发与装备，2021（5）：48-49.

［39］宋艺，杨林.绿色金融助力农业碳减排的实现路径［J］.经济师，2022（1）：22-24.

［40］孙桦.乡村振兴背景下的乡村绿色低碳实践［J］.绿色建筑，2022，14（2）：15-17.

［41］谭映雪.数字乡村建设赋能乡村振兴路径研究［J］.重庆行政，2023，24（5）：30-32.

［42］滕翠华，姜雨彤.数字赋能乡村文化治理现代化的实践路径［J］.求知，2023（12）：33-35.

［43］万举，周娜．乡村数字化推动农业新质生产力形成的逻辑、机制与路径［J］．新经济，2024（5）：36-47.

［44］王春光．数字化时代农村新业态与社会分化机制［J］．社会科学文摘，2023（9）：96-99.

［45］王海霞．低碳经济时代农业经济发展趋势探讨［J］．财经界，2023（33）：24-26.

［46］王向辉．数字普惠金融、农地流转与农业绿色低碳转型［J］．统计与决策，2023，39（23）：156-161.

［47］王小兵．以数字化驱动引领乡村振兴［J］．农业发展与金融，2023（7）：23-26.

［48］王媛媛．乡村振兴背景下数字赋能乡村治理路径研究［J］．农机使用与维修，2024（11）：56-59.

［49］韦佳培，吴洋滨．"双碳"目标下我国农业绿色发展的路径选择［J］．农业经济，2023（9）：25-27.

［50］温惠淇．乡村治理数字化转型的机遇、问题与进路［J］．农业经济，2023（11）：66-68.

［51］吴东风．乡村治理数字化：价值意蕴、耦合失调与路径创新［J］．农业经济，2023（11）：69-70.

［52］吴合庆，陈桂生．数字乡村共同体建设困境及其进路［J］．行政管理改革，2023（11）：82-92.

［53］吴宏杰．数字技术赋能传统产业绿色低碳转型路径探析［J］．数字通信世界，2024（2）：164-166.

［54］徐瑾．乡村数字化发展的空间效应与规划应对［J］．世界建筑，2024（11）：70-71.

［55］徐旭初．数字乡村建设发展：现状、模式与对策［J］．新疆农垦经济，2024（2）：1-7.

［56］许丹丹．低碳视角下河南省畜牧业发展现状问题及对策［J］．南方农业，2024，18（16）：88-90.

［57］闫昊．数字技术赋能乡村振兴的提升路径探析［J］．智慧农业导

刊，2023，3（11）：161-164.

［58］闫鹏凌.乡村振兴战略下数字乡村建设问题与对策研究［J］.现代交际，2024（11）：70-76.

［59］杨尚钊.乡村振兴战略下农业绿色发展存在的问题与建议［J］.农业工程，2019，9（7）：122-125.

［60］叶攀.乡村振兴战略背景下中国乡村数字化研究［J］.农村经济与科技，2024，35（11）：173-175.

［61］尹铁燕.新时代乡村数字治理的内涵拓展及实践路径［J］.乡村论丛，2023（5）：60-69.

［62］余冰洁，吴爽.数字经济为信阳乡村特色产业注入新动能［J］.村委主任，2024（20）：197-199.

［63］张红，王惠，吴强，等.金融助力农业绿色低碳发展［J］.金融纵横，2022（9）：61-66.

［64］张嘉欣.农业数字化赋能河南省农业现代发展路径研究［J］.中国果业信息，2024，41（10）：109-111.

［65］张敏.数字乡村高质量建设研究［J］.经济师，2023（12）：111-112.

［66］张跃铧.数字治理赋能乡村振兴路径研究——以河南省 T 县为例［J］.河北农机，2024（19）：157-159.

［67］张云霞.注入智慧因子，助力乡村治理数字化［J］.通信企业管理，2023（6）：58-60.

［68］张志伟，杨萍.数字乡村建设路径浅析［J］.热带农业工程，2023，47（4）：97-99.

［69］赵思尧.数字技术赋能乡村产业振兴的实践路径［J］.现代化农业，2024（10）：66-68.

［70］钟钰.数字乡村建设：形势、特征与重点［J］.人民论坛，2023（21）：54-58.

［71］周源，丛林，冯佩然.乡村数字化治理中农民参与问题研究［J］.农业与技术，2024，44（19）：133-138.

［72］邹念.农业绿色低碳循环发展的路径探讨［J］.南方农机，2023，54（8）：73-75.

三、报纸类

［1］孙眉.推进农业发展全面绿色转型［N］.农民日报，2021-09-09（2）.

［2］孙世芳.以低碳带动农业绿色转型［N］.经济日报，2021-11-03（11）.

［3］严东权.加强农村生态文明建设 推进农业农村绿色低碳转型［N］.农民日报，2022-02-22（3）.

［4］王泽农.生态农场：农业绿色低碳发展的试验田［N］.农民日报，2022-02-24（1）.

［5］杨文.推进农业减排增效实现绿色高质量发展［N］.山西日报，2022-03-10（5）.

［6］茅锐.低碳转型推动农业高质量发展［N］.社会科学报，2022-12-01（4）.

［7］米彦泽.加快推动农业绿色低碳发展［N］.河北日报，2023-01-15（6）.

［8］刘趁.加快发展生态低碳农业 推进农业发展全面绿色转型［N］.农民日报，2023-02-07（1）.

［9］代志新.激活乡村数字化人才"引擎"［N］.经济日报，2023-07-11（5）.

［10］杨文.数字化赋能美丽乡村建设［N］.山西日报，2023-08-10（9）.

［11］白晓玉.数字化人才服务乡村振兴的时代探索［N］.中国文化报，2023-08-12（3）.

［12］范娜."数字化"赋能乡村治理［N］.运城日报，2023-08-28（6）.

［13］杜倩倩，赵雅萌.数字化乡村建设如春风化雨全面推进［N］.石家庄日报，2023-10-25（8）.

［14］吴浩.为乡村振兴提供数字化支撑［N］.经济日报,2023-11-01(8).

［15］曹世峥,姜震.乡村数字化发展探析［N］.山西市场导报,2024-05-21（A13）.

［16］马维维.数字化扮靓美丽乡村［N］.经济日报,2024-10-15（5）.

四、论文类

［1］戴天宇.善治视域下乡村治理数字化研究［D］.南昌:南昌大学,2023.

［2］李若寒.我国绿色金融对农业碳排放的空间效应研究［D］.泰安:山东农业大学,2023.

［3］李学敏.生态文明导向下农业绿色发展的时代意蕴与实现方略［D］.北京:北京林业大学,2020.

［4］庞国光.乡村数字经济发展水平评价研究［D］.贵阳:贵州大学,2023.